全国革命老区县发展史丛书·广东卷

恩平市革命老区发展史

恩平市革命老区发展史编委会　编

SPM 南方出版传媒　广东人民出版社
·广州·

图书在版编目（CIP）数据

恩平市革命老区发展史／恩平市革命老区发展史编委会编. —广州：广东人民出版社，2020. 10
（全国革命老区县发展史丛书 · 广东卷）
ISBN 978 -7 -218 -13988 -3

Ⅰ. ①恩…　Ⅱ. ①恩…　Ⅲ. ①恩平—地方史　Ⅳ. ①K296. 53

中国版本图书馆 CIP 数据核字（2019）第 238944 号

ENPING SHI GEMING LAOQU FAZHANSHI
恩平市革命老区发展史
恩平市革命老区发展史编委会　编

出 版 人：肖风华

责任编辑：李　敏　罗　丹
装帧设计：张力平
责任技编：吴彦斌　周星奎

出版发行：广东人民出版社
地　　址：广州市海珠区新港西路 204 号 2 号楼（邮政编码：510300）
电　　话：（020）85716809（总编室）
传　　真：（020）85716872
网　　址：http://www.gdpph.com
印　　刷：广州市浩诚印刷有限公司
开　　本：715mm × 995mm　1/16
印　　张：16. 125　　插　页：10　　字　数：220 千
版　　次：2020 年 10 月第 1 版
印　　次：2020 年 10 月第 1 次印刷
定　　价：68. 00 元

如发现印装质量问题，影响阅读，请与出版社（020 -85716849）联系调换。
售书热线：（020）85716826

微信扫描二维码
您立即获得本书主要内容/丛书介绍。

广东省编纂《革命老区县发展史》丛书
指导小组

组　长：陈开枝（广东省老区建设促进会会长）

副组长：林华景（广东省老区建设促进会常务副会长）

宋宗约（广东省农业农村厅二级巡视员、广东省老区建设促进会副会长）

刘文炎（广东省老区建设促进会副会长）

郑木胜（广东省老区建设促进会副会长）

姚泽源（广东省老区建设促进会副会长兼秘书长）

谭世勋（广东省老区建设促进会副会长）

廖纪坤（广东省农业农村厅总经济师）

办公室

主　任：姚泽源（兼）

副主任：韦　浩（广东省农业农村厅扶贫协作与老区建设处处长）

柯绍华（广东省老区建设促进会副秘书长）

伍依丽（广东省老区建设促进会副秘书长）

《恩平市革命老区发展史》编委会

主　任：劳沈川

副主任：李国雄　吴美娟

成　员：冯春猷　刘晓荣　梁朝贺　吴兆东　李世坚

李敏基　吴国义

主　编：岑能端

副主编：吴光晃

编　委：郑伟强　周宜家　岑力行　林景存

校　对：岑力行　李小燕

总序

在举国欢庆新中国成立70周年前夕，中国老区建设促进会王健会长请我为《全国革命老区县发展史》丛书作序，作为一名在老区战斗过并得到老区人民生死相助的老兵，回首往事，心潮澎湃，感慨万千，深感义不容辞，欣然应允。

中国革命老区，是以毛泽东为代表的中国共产党人在领导人民推翻帝国主义、封建主义和官僚资本主义三座大山，争取民族独立和人民解放伟大斗争中建立的革命根据地，在这片红色的土地上，诞生了无数可歌可泣的革命英雄儿女，为后人树起了一座不朽的丰碑，她是新中国的摇篮，是党和军队的根。

在艰苦卓绝的战争年代，老区人民把自己的命运与中华民族的命运紧紧地联系在一起，与中国共产党和人民军队的命运紧紧地联系在一起，他们生死相依，患难与共。我曾亲历过战争年代，并得到过老区红哥红嫂的救助，切身感受到发生在身边的一幕幕撼天动地的革命故事，在那极其艰难的条件下，老区人民倾其所有、破家支前，不怕艰难困苦，不怕流血牺牲。“最后一碗米送去做军粮，最后一尺布送去做军装，最后一件老棉袄盖在担架上，最后一个亲骨肉送去上战场”，这是当时伟大的老区人民为建立新中国做出巨大牺牲的真实写照，它将永远镌刻在中国共产党、中国人民解放军、中华人民共和国的历史丰碑上。他们的光辉业绩永载史册，他们的革命精神必将影响一代又一代的革命新人，造就一代又一代的民族脊梁。

在社会主义革命和建设时期，革命老区和老区人民响应党的号召，面对落后的面貌、脆弱的经济、恶劣的生态环境，他们本色不变，精神不丢，自力更生，艰苦奋斗，干一行爱一行。始终坚持“革命理想高于天”，自觉做共产主义远大理想的坚定信仰者和忠实实践者，勇于向恶劣的自然环境和贫穷落后宣战，他们在各条战线上为国建功立业，用平凡的双手创造了一个又一个不平凡的奇迹，彰显了老区人的崇高精神和人格力量。

在改革开放的伟大进程中，老区人民解放思想，勇于创新，发奋图强，攻坚克难，老区的经济社会建设取得了辉煌成就。特别是在改变中国的面貌、中华民族的面貌、中国人民的面貌、中国共产党的面貌的伟大实践中发挥了至关重要的作用。老区人民既是改革开放的参与者，也是改革开放的推动者。

艰苦练意志，危难见精神。老区人民在近百年的革命战争、社会主义建设和改革开放的伟大实践中，孕育形成了伟大的老区精神：爱党信党、坚定不移的理想信念；舍生忘死、无私奉献的博大胸怀；不屈不挠、敢于胜利的英雄气概；自强不息、艰苦奋斗的顽强斗志；求真务实、开拓创新的科学态度；鱼水情深、生死相依的光荣传统。这是党和人民宝贵的精神财富、丰厚的政治资源，是凝心聚力、振奋民族精神的重要法宝，也是社会主义核心价值观的重要内容。

中国老区建设促进会怀着强烈的政治责任感和历史使命感，组织全国各地老促会人员克服困难，尽心竭力编纂《全国革命老区县发展史》丛书，记录老区的光辉历史和辉煌成就，传承红色基因，弘扬老区精神，是功在当代、利及千秋的一件大事。手捧这部丛书的部分书稿，读着书中的故事，倍感亲切，深感这部丛书具有资政、育人、存史的社会功能，有着重要的时代和历史价值。它是不忘初心、牢记使命的源头活水，是赞颂共产党、讴歌老区人民的一部精品力作，是弘扬老区精神、传承红色记忆的丰厚载体，是一项继承优秀传统文化、弘扬革命文化、发展社会主义先进文化，坚定“四个自信”的宏大文化工程。它必将成为一种文化品牌，为各界人士了解老区宣传老区支持老区提供一部有价值的研究史料。希望读者朋友们能从中了解并牢记这些为党和民族的利益不断奉献的老区人民，从中得到教益，汲取人生奋斗的精神动力。

新时代赋予新使命，新起点开启新征程。让我们更加紧密地团结在以习近平同志为核心的党中央周围，坚持以习近平新时代中国特色社会主义思想为指导，增强“四个意识”，坚定“四个自信”，做到“两个维护”，弘扬老区精神，铭记苦难辉煌。为实现“两个一百年”奋斗目标，实现中华民族伟大复兴的中国梦做出新的更大的贡献！

2019 年 4 月 11 日

编写说明

2017年6月，中国老区建设促进会组织全国各地老促会启动编纂《全国革命老区县发展史》丛书，按照“建立中国共产党、成立中华人民共和国、推进改革开放和中国特色社会主义事业”三大里程碑的历史脉络，系统书写革命老区百年历史，深入挖掘革命老区红色文化资源，这对于充实丰富中国革命史籍宝库、在新时代传承红色基因、弘扬革命精神、强固根本，对于激励人们在新的历史条件下夺取中国特色社会主义伟大胜利，实现中华民族伟大复兴的中国梦具有重要意义。

丛书编纂以习近平新时代中国特色社会主义思想为指导，以《中国共产党历史》《中国共产党的九十年》等重要文献为基本依据，以党的领导为核心，以老区人民为主体，以老区发展为主线，体现历史进程特征，突出时代发展特色，坚持辩证唯物主义和历史唯物主义相统一、历史真实性与内容可读性相统一的原则，书写革命老区从站起来、富起来到强起来的光辉革命史、不懈奋斗史、辉煌成就史，把老区人民的伟大贡献、伟大创造、伟大成就、伟大精神充分展示出来，形成一部具有厚重历史特征和鲜明时代特色的精品力作。这是一部培根铸魂、守正创新，既为历史立言，又为时代服务，字里行间流淌着红色血脉、催生着革命激情的传世之作。丛书的编纂出版将成为讴歌党讴歌人民讴歌时代、传播红色文化、为革命老区和老区人民树碑立传的重要载体。

丛书按照编年体与纪事本末体相结合、以编年体为主的编写体例确定框架结构；运用时经事纬、点面结合的方式记述史实；坚持人事结合、以事带人的原则处理人与事的关系；采取夹叙夹议、叙论结合、以叙为主的方法展开内容。做到了史料与史论、历史与现实、政治与学术统一，文献性、学术性、知识性相兼容。

为编纂好《全国革命老区县发展史》丛书，打造红色文化品牌，中国老区建设促进会认真组织积极协调，提出政治立场鲜明、史料真实准确、思想论述深刻、历史维度厚重、时代特色突出、编写体例规范、篇目布局合理、审读把关严格、出版制作精良的编纂出版总要求，力求达到革命史籍精品的精神高度、思想深度、知识广度、语言力度，增强丛书的权威性和社会影响力。各省（区、市）、市（州、盟）、县（市、区、旗）老促会的同志，以强烈的使命感、责任感和紧迫感，勇于担当，积极作为，认真实施，组织由老促会成员、专家学者等参加的十余万人编纂队伍。编纂工作主体责任在县，省、市组织协调、有力指导、审读把关。各方面人员以高度负责的精神和科学严谨的态度，满腔热情地投入工作，为丛书编纂出版做出了重要贡献。丛书编纂工作还得到了党和国家有关部委、地方各级党委政府及有关部门的大力支持和积极参与，社会各界也给予了热情帮助。中共中央政治局原委员、中央军委原副主席、原国务委员兼国防部长迟浩田上将，对老区人民怀有深厚感情，对革命老区建设发展十分关注，欣然为《全国革命老区县发展史》丛书作总序。

丛书由总册和1 599部分册（每个革命老区县编纂1部分册）组成，共1 600册。鉴于丛书所记述的史实内容多、时间跨度长和编纂时间紧，不妥之处，敬请批评指正。

中国老区建设促进会

红色印迹

恩平第一个党支部——天村党支部旧址

冯燊塑像

冯　燊

恩平第一位共产党员
创建恩平第一个党支部
首任中共恩平县委书记
省港大罢工的组织者之一
恩平参加长征第一人

位于圣堂天村的冯燊故居，也是中共恩平县委旧址

冯燊（前一）在恩平进行革命活动

恩平第一个农会——长安农会旧址

恩平“九一五”农民武装起义领导人禤荣（左）与友人合影

参加恩平“九一五”农民武装起义的6位农会会员于1980年在恩城中山公园的恩平革命烈士纪念碑前合影

恩平“九一五”农民武装起义军集结地——圣堂塘皋村

位于牛江镇东边朗村的中共恩平县委旧址，也是郑锦波故居

旅港恩平回乡服务团副团长冯美坤

抗战期间，恩平旅港乡亲踊跃捐款，支持祖国抗战

恩平学宫在抗战时期设立伤兵医院，救治从前线运回的伤员

旅港恩平回乡抗日服务团后援会工作队部分人员于1985年12月在广州合影

恩平君堂妇女党支部旧址

中共恩平县工委妇女部部长邓青云，兼任妇女党支部书记

罗范群、谢立全、刘田夫领导的广东人民抗日解放军挺进恩平，开展抗日斗争。图为司令部驻地——励英学校

广东人民抗日解放军司令部的会议室旧址

恩平大槐顶
伏击战遗址一角

日军侵犯恩平，村民黄春生和另一位青年坚守该碉楼两日两夜，击退日军多次攻击，毙敌6人，伤1人

1945年7月，广东人民抗日解放军在广湛公路恩平大槐顶路段伏击过境恩平的日军，毙伤日军30多名

万　里　赴　戎　机
恩平儿女　航空救国

岑泽鎏

抗战时期任空军副大队长。曾个人击落日机6架，率队击落敌机45架。在成都空战中壮烈牺牲

黄泮扬

空军大队长。抗战期间，个人击落日机多架。其中一弹击落日机2架

梁汉一

英勇善战的抗日飞虎队队员

潘泽光

足智多谋、屡立战功的空军参谋

张瑞芬

航空女杰。在美国驾机在华人黎居的城市，宣传抗日，募捐支持抗日

卢传铭

空军飞行员，飞行教官。抗日期间的主要任务是护送空勤和地勤人员及物质

梁持旺

湖南衡阳航空总站股长。1944年参加衡阳保卫战，不幸壮烈牺牲

卢发喜

二战爆发后，在美国参加空军。空战中击落日机和德机各1架。在掩护友机脱险时不幸牺牲

（上下图）南路东征部队在司令员欧初率领下挺进恩平朗底，开展武装斗争

中共江门市委党史研究室编著的《粤中纵队史》

粤中纵队四位领导在战地合影。分别为：司令员吴有恒（左二）、政委冯燊（左三）、副司令员欧初（右一）、副政委谢创（左一）

粤中纵队官兵佩戴的胸章

沙湖上凯岗村是抗日战争和解放战争的根据地，1949年4月，恩平人民政府在这里宣告成立

六壮士战斗地——朗底镬盖山

1949年7月，粤中纵队的一个排在这里展开阻击战，毙伤一批敌人，保障部队安全撤退。后部队被数百敌人重围，5位战士壮烈牺牲，1位战士生还

六壮士高呼：永远忠于党！共产党万岁！

位于横陂镇大享行政村小洛圩的小洛战斗遗址

小洛圩地下交通站吴克世老人（中）深情地对来访的同志说：“前辈出生入死打下江山，我们要传承革命传统，五星红旗要永远飘扬在交通站的屋顶！”

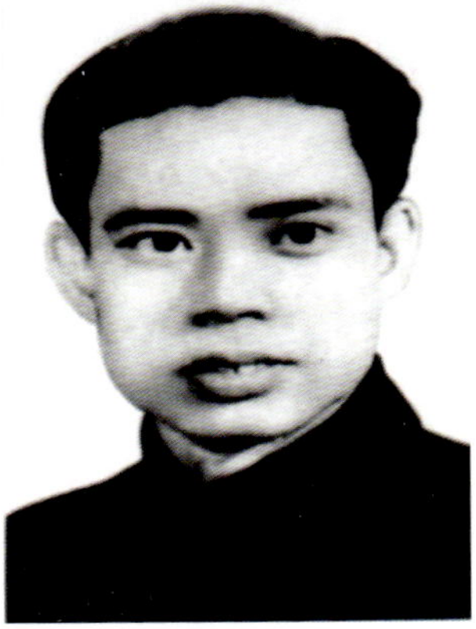

黄飞，出生于香港。1937年投身抗日救亡运动。1948年7月回粤中，任新恩开总队队长。在战斗中不幸牺牲。时年27岁

黄志恒（女），1928年出生，1943年参加革命，1947年受中共中央香港分局派遣到恩平工作，1948年7月被捕，1948年8月在恩城英勇就义

1949年10月22日，粤中纵队广阳支队五团在政委郑鼎诺和团长马平率领下，进入恩城接管政权，宣告恩平全县解放

1949年11月，恩平军民2万多人在恩城成德小学操场举行庆祝解放大会

恩平各地各界群众开展集会游行庆祝解放

2009年10月，老战士陈全（前排中）回到老区圣堂镇尚禾塘村探望乡亲

壮丽恩平

（上下图）锦江河治理工程

恩平——“中国航空之父”冯如的故乡，这里航空精英辈出，建树良多。全国航空博览会授予恩平“中国航空第一乡称号”

冯如雕像

冯如二号飞机模型

中国航空之父冯如故里——革命老区莲塘村

中国航空科普教育基地——恩平

全国文明村——沙湖镇上凯岗村

广东省森林小镇大田镇，公益活动进老区，助力乡村振兴

恩平——中国温泉之乡，全市有温泉旅游度假景区七个，年接待游客五百万人次

恩平市地热国家地质公园

江湛铁路恩平站

恩平广联泰纺织厂

恩平——中国麦克风行业产业生产基地，全国电子商务百佳市

恩平市第一中学是一所拥有革命传统的学校，革命战争时期很多师生参加革命。现在，这间百年老校进一步焕发青春和活力，桃李芬芳、英才辈出

恩平——全国农技推广示范优秀市

恩平——全国粮食生产先进市，“广东好米”之乡

恩平——广东马铃薯产业大市，农民致富“金元宝”

珠三角最大的水库、水电站——锦江水库、水电站

恩平——小水电之乡，全市建成小水电站104座

广东省革命老区水库移民安置示范村——桄榔村

珠三角现存唯一的原始次森林——恩平七星坑

革命老区新塘行政村文化楼

恩平市老促会参与筹资兴建的横陂镇怀德学校

恩平市老促会走访新塘行政村农户

恩平市老促会2017年革命烈士后裔助学金发放仪式

富而崇文，男女老少齐聚农家书屋阅览

扶持老区开发特色农业，打造“一镇一策，一村一品”扶贫产业，助推全市老区贫困户脱贫致富

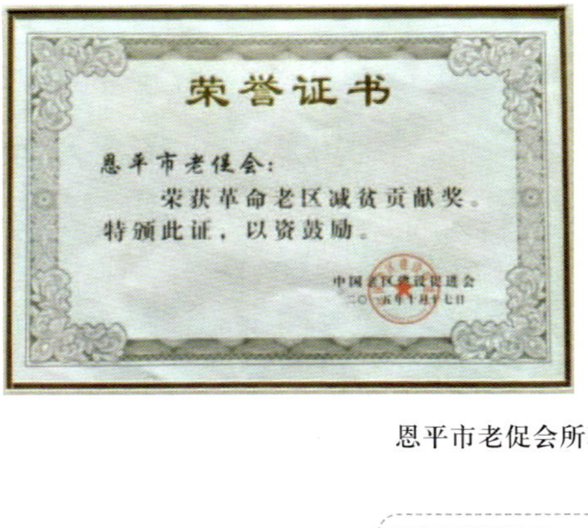

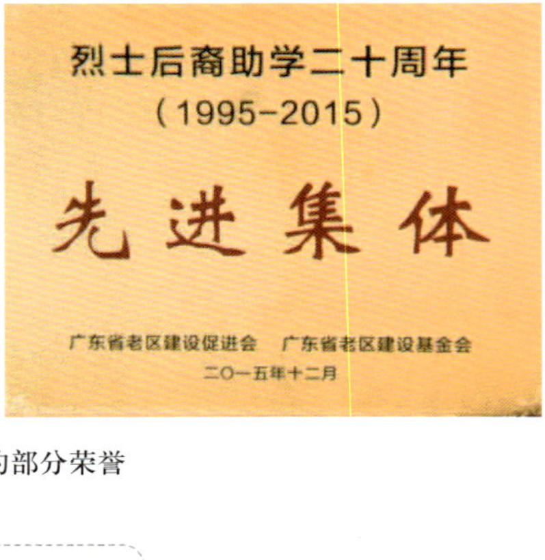

恩平市老促会所获得的部分荣誉

微信扫描二维码
您立即开展本书的
延伸阅读。

目录
contents

序言

为了贯彻落实习近平总书记关于“发扬红色资源优势，深入进行党史、军史和优良传统教育，把红色基因一代代传下去”的指示，中国老区建设促进会决定，组织全国1599个革命老区县编纂《全国革命老区县发展史》丛书。

恩平市是全国1599个老区县之一，是广东省的著名老区，无论是革命战争年代还是社会主义建设时期，老区和老区人民为中国革命和建设事业付出了巨大的牺牲，作出了重大贡献。老区的光辉历史和优良传统是党和人民宝贵的精神财富和丰厚的政治资源，应永远铭记，永远珍惜，从中汲取力量。

编纂革命老区发展史，意义重大，功在当代，利在千秋，旨在以习近平新时代中国特色社会主义思想为指导，大力宣传习近平老区思想，从老区光辉业绩中深入挖掘红色基因，为传承红色基因、践行红色文化提供生动教材，并向全社会播撒理想信念的种子，让革命事业薪火相传，血脉永续。

这部《恩平市革命老区发展史》材料详尽，内容丰富，事迹感人。其主要内容包括：在党的领导下，革命根据地和游击区人民群众的历史贡献和作用；革命历史遗址、纪念设施等红色文化资源简介；革命领导人物、革命英烈、航空救国英雄等的崇高革命精神和光辉事迹；革命历史文献、老区故事、历史事件；中华人民共和国成立以来，特别是党的十八大以来，全市经济社会发展以及老区人民在党和政府的领导下，发扬自力更生、艰苦奋斗的光荣传统，脱贫攻坚，改变面貌的先进典型。

《恩平市革命老区发展史》是《全国革命老区县发展史》丛书之一，是一部红色经典，是进行革命传统教育和爱国主义教育的好教材，谨以此书献给老区人民，希望老区人民继续发扬老区精神，自力更生、艰苦奋斗、开拓进取，不断改变老区面貌。全市要加大支持老区建设的力度，着力推进乡村振兴以及脱贫攻坚工作，使老区农村贫困人口早日脱贫奔小康，过上幸福生活。

恩平市革命老区发展史编委会

第一章

区域源远流长　老区半壁江山

第一节 行政区域与建制沿革

恩平地处广东省西南部，是粤中、粤西的交汇地；地跨北纬21°54′31″—22°29′44″，东经111°59′51″—112°31′23″；东至开平、台山，南接阳东，西邻阳春，北与新兴接壤，地境周界线长265.5千米，东西宽50.24千米，南北长62.47千米。恩平市总面积1 693.60平方千米，其中耕地面积占18.7%，山地面积和丘陵面积占58%，水域面积占5.96%，城乡居民点、工矿和交通用地占3.68%，其他占13.73%。恩平市农业人口人均耕地面积为1亩左右（约666平方米），略低于广东省平均水平。至2017年年末，恩平市户籍人口49.66万人，常住人口50.42万人，人口自然增长率6.35‰。恩平市辖10个镇和1个街道，174个行政村、社区和1 598条自然村。

恩平历史悠久，秦汉已入版图；后因朝代更替，境地归属无常。据《广东通志》载，恩平建县始于东汉建安二十五年（220年）；唐代至德二年（757年），原县名为齐安，后改称恩平县；1958年，与开平县合并，称开恩县，后改称开平县；1961年恩平县、开平县分治，恢复恩平县建制；1994年2月，经国务院批准，撤县设市，称恩平市，归江门市管辖。恩平撤县设市后，辖区行政区不变，市委、市政府驻地为恩城街道。

第二节 自然环境与资源优势

恩平市位于天露山脉南段，境内的天堂顶、君子山、七星坑、珠环山、二十四坑山自西南向东北延伸。地貌方面，恩平西部为山区，山峰连绵起伏；中部为低丘陵区，地势较平缓；南部濒临南海，属滨海丘陵区；东北部较平坦。全市最高点为珠环山，海拔 1 014 米，最低点为镇海湾。行政区域内的主要河流有潭江水系的锦江河和锦江河支流，漠阳江水系的那吉河、倒流河，小江水系的蓝田河等。恩平市地处亚热带季风气候区，濒临南海，受低纬度和中高纬度天气系统的交替影响，气候复杂多变，台风、暴雨、强对流、雷电、旱涝、寒害及其次生灾害时有发生，常年平均气温 22. 5℃，常年平均雨量 2 552. 6 毫米，是全国暴雨中心之一。

恩平境内自然资源丰富，宜林面积 9. 12 万公顷，全市森林覆盖率 47. 05%。七星坑自然保护区，面积 8 000 公顷，是珠江三角洲地区唯一的原始次森林，且得到很好的保护，被列为广东省自然保护区。那吉黄角、大田、朗底、良西一带的山脉，年均降雨量达2 600毫米，蕴藏的丰富水能可供发电。恩平水能理论蕴藏量153 377千瓦，为水电建设提供了得天独厚资源，全市已建成水电站 104 宗。恩平地热资源丰富，2003 年，被国家矿业联合会授予“中国温泉之乡”称号。至 2017 年，恩平已开发建成的温泉企业有帝都温泉、恒大泉都、金山温泉、温泉乐园、锦江温泉、山泉湾温泉和水禾田温泉。恩平的动物资源有山鸡、山猪等共 150 多种；植物资源种类达 1 000 多种，其中有 13 种植物被列为国家级和省级珍稀濒危保护植物。恩平的国家一级保护植物有刺沙椤，国家三级保护植物有乌檀、白桂木、红椿木、巴戟、圆仔荷、吊皮锥、野生茶、猪血木等。此外还有珍贵药材七叶一枝花、新兴保健饮料植物绞股蓝、优良用材树种拟赤杨和优良观赏植物红花荷等，这些均属于广东省二、三级保护植物。矿产资源中，蕴藏量最大是石灰石，总储量达 10 亿吨以上。其他储量丰富的非金属矿有钾长石、石英石、水晶、重晶石、青刀石、墨砚石、陶瓷泥以及煤炭等；金属矿有钨、锡、铜等。

第三节　华侨之乡

清嘉庆年间，杨桥乡人李龙携眷到暹罗（今泰国）谋生，开创了恩平国外移民的先河。从清同治年间开始，恩平人大量向海外移民。移民以“卖猪仔”的形式赴美国西部的加利福尼亚州开采金矿，随后陆续向美洲各地、欧洲及东南亚移民，由此恩平发展成为广东省重点侨乡。全市旅外侨胞有50多万人，分布在60个国家和地区。其中，旅居委内瑞拉的华侨（华人）18.05万人，占全市旅外侨胞总数的37.29%；旅居港澳台地区的有11万人，占22.73%；有侨团组织82个。

恩平先侨“下南洋”“闯金山”，几代华侨出洋打拼，念祖爱乡，造福桑梓，落叶归根，华侨文化基因百年薪火相传，“侨”是恩平重要的城市基因。辛亥革命前后，恩平籍华侨积极支持和追随孙中山先生，他们或组织宣传，或筹款捐助，或直接投身革命，涌现了一大批民主革命仁人志士。旅美华侨唐琼昌（1869—1917年），今恩平君堂镇琅哥村人，美国执业律师。1904年，孙中山赴美宣传革命时，遭保皇派暗算，被扣禁在天使岛木屋移民候审所。唐琼昌获悉后，立即采取救援行动，向美国当局提出抗议，并缴5 000美元保释，孙中山终获得自由。中华民国成立后，唐琼昌被委任为国会议员，被美国华侨称为“革命之母”。

抗日战争时期，恩平华侨在海外捐款捐物和购买国债，积极支持祖国抗战，他们在海外办报纸、电台，宣传抗日救国。有的热血青年从海外回来，献身抗日救国事业。祖籍圣堂镇歇马村的华侨梁汉一，出生于美国。抗战期间，他参加华侨及美国人民组织的支援中国抗日志愿军，在美国空军名将陈纳德麾下的飞虎队任飞行员。他机智勇敢，顽强战斗，屡立战功，后晋升为空军准将。1972年，梁汉一驾驶美国空军一号飞机，载美国总统尼克松访华，打开了中美建交的大门。

恩平华侨和港澳台同胞素有爱国爱乡的优良传统。一是积极回乡投资办企业，助力家乡经济发展。1979—2004年是恩平海外侨胞回家乡投资办企业的高峰期。这期间，恩平共办有“三资”企业319家，“三来一补”企业549家，利用外资及港澳台资合计2.6亿美元，其中侨资企业302家，投资总额2.25亿美元。祖籍沙湖镇的香港著名实业家李长于1983年投资3 000万美元，与恩平市政府合资开办广联泰纺织企业公司，开启了恩平引进港资的先河。二是捐资兴教助学和兴办公益事业，助推家乡发展教育事业和乡村振兴。据不完全统计，从20世纪80年代初至2017年，恩平海外侨胞向家乡捐资总额达4亿多元，主要用于兴办学校以及乡村道路水泥硬底化、自来水工程等，解决乡村读书难、行路难、饮水难等问题。祖籍牛江镇的香港同胞吴年乐先生从1993年至2017年，先后捐款3 700万港元，兴建了以其本人或其夫人名字命名的学校三间，为10多所中小学捐资购买教学设备，改善教学环境；此外，还兴办了一批公益事业项目。

第四节　革命老区

一、概况

恩平是一片革命热土，革命斗争历史悠久。早在1925年，当地就掀起了农民运动；1927年，中共恩平县委成立，并建立革命武装。在恩平地方党组织的领导下，恩平农民运动风起云涌，打土豪、减租减息、分田分粮的运动得以积极开展。抗日战争和解放战争时期，恩平地方党组织在全县建立一批游击根据地，组织带领群众，打击、消灭日本侵略者和国民党反动派，为夺取抗日战争和解放战争的胜利、为中国人民的解放事业作出重大贡献。

根据国务院颁布的《关于划定革命老根据地的标准》和广东省人民政府的相关规定，恩平县民政局从1957年开始至1991年间，分四批（包括补评申报）向上级申报革命老区的认定，恩平先后被广东省民政厅批准（其中1989年开展的补评定土地革命战争、抗日战争时期的老区村和1991年开展的评定解放战争时期老区村，由江门市人民政府批准，报广东省民政厅备案），评定革命老区镇7个，占恩平11个镇（街）的63.6%，其余4个镇（街）均为有老区自然村的镇（街）；评定老区自然村675条，占自然村总数的43%；有老区自然村的行政村（社区）117个，占行政村（社区）总数的67.24%；老区行政区域面积1 080平方千米，占区域面积的63.76%；老区人口22万多人，占户籍人口的44%。

二、革命老区名录

（一）老区镇

那吉镇、沙湖镇、牛江镇、良西镇、大田镇、君堂镇、横陂镇

（二）有老区自然村的镇（街）

圣堂镇、东成镇、大槐镇、恩城街道

（三）有老区自然村的行政村（社区）

那吉镇：七星塘、那北、那西、黄角、潭角、大莲、沙河。

沙湖镇：圣园、下凯、那梨、高园、南平、南塘、水楼、和平、横陂、乌石、东岸、成平、扁冲、伍边、关村、咀厚、上凯。

牛江镇：岭南、龙湾、鹏昌、仕洞、马龙塘、莲塘、莲华、梨园、黄泥坦、昌梅。

良西镇：那湾、福坪、龙山、雁鹅、鹤坪、龙安塘、松柏根。

大田镇：炉塘、黄沙、华南、上南、白石、朗西、朗北、东南、岑洞、朗底圩。

君堂镇：新君、新塘、琅哥、石潭、清湖、杨屋、潢步、沙岗、西园、平安。

横陂镇：白庙、歧联、甘围、横西、横平、横盘、横东、白银、南华、虾山、大亨、围边、蓝田、湾海、塘联、新潮。

大槐镇：大朗、河湾、沙栏、锦新、大槐、塘冲、良洞、石坳。

东成镇：牛皮塘、石路、石岗、石桥头、下湖、上湖、四联、横岗头、鹿颈、东新。

圣堂镇：长安、歇马、三联、三山、进职、水塘、区村。

恩城街道：飞鹅塘、塘劳、顶冲、石泉、茶坑、石青、石联、

石栏、平富岗、新楼、禄平、联合、西安、米仓、园林。

（四）老区自然村

君堂镇：连江、潢步头、长江、龙湾、鸿江、清江、沙湾、鹅江、君堂、大塘岩、新风、厂仔、南兴、塘兴、中兴、西成、高基、清湾、清四、水仔坪、东兴、君堂圩、伦庙、芝菱、羊屋、望牛岗、赤谷塘、坑尾、新厂、羊栏、邓四、金斗蓢、三夹、果园、塘面、西安、中和、石潭大村、上槐、松岭、高坪、上洋、松山、新屋、木角、东成、虾咀、阵山、网山、高朗塘、大朗、新安、水安、灰窑、大龙圹、湖口、合和、田了坑、高朗、新兴里、坑尾岭、黄竹圹、朝西里、补碌坑、烂溪旧、长坑、新李、旧李、琅新、琅旧、圹尾园、北向里、三山里、横山、红光、永兴、狮子岗、冲口岭、雁安、安圹、大门琅、王坦、蟹山、石仔路、松山、楼村、鹅鹿、简头坪、石牛、圹尾、村咀、响埒、牛栏、侯屋、麦元、松圹、大湖、湖东、湖新、湖边西、清水坑、获笃朗、草巷、沙岗、新塘、阳平、塘口、蓝厂二村、蓝厂新村、桂芳新村、新安里。

大田镇：炉塘、坳田、阵湾、君子河、上新、下新、横岗、湖岗、洞心、元山、集凤岗、清油、塘角、场一、场二、江陂、分水坑、黄毛咀、横洞、河木里、山鸡田、双悦、新坪、榕根、横龙岗、红星、福堂、田厂、公朗、竹围、蛇冲、牛围、高村、田头屋、窖底、高基、平山、河塘、牛栏屋、牛坳、干河、辣头、新村、永安、红梨头、牛潭、东坑、平江、新陂、马吞、南蓢、君子河、朗底圩、双龙、山咀旺、毛坪、南岸、石坑、塘背、沙莲岗、榄根、教子山、岑洞、水口。

横陂镇：南宅、蓝田、新安、龙江、新溪、田厂、龙口、潮声、良塘、横河、大龙盘、米筛塘、白麻坑、刘文田、水产口、水碓、纸扇面、围边、山下、下围、上围、甘村、长春、龙塘、蟹塘、城村、山圹、凤翔、城一、城二、文新村、河湾、客家村仔、福地、洞心、梨木根、洞心新村、木桥头、南安、新南安、满江、新江、竹根、大亨、莲塘。

大槐镇：新寨、陂口、红星、金星、石仁坑、良洞、上康、下康、石古塘、良胜、青川、潭洞、新塘、新联、大陂、东昇、那朗。

恩城街道：清湾、桄榔一村、桄榔二村、那潭、大水口、新建、联大、新安、青联、新岗、品冲、黎村、大坡、高沥、潭洞、平庄、乐安、塘岗、新平岗、竹洞、朝阳、白石、金斗蓢、大陂、前朗、竹洞、合山村、向阳、飞鹅塘、罗经平、竹山、芥菜朗、石泉、刘家庄、克石、新联、新安、光明、朝阳、新安、新和。

东成镇：田厂、狮山、马山、白善龙、婆座、初九石、梨山、连塘、永兴、新大陂、长乐、车朗、高塘、牛皮塘、炉塘、岭南、平朗、泉塘、人山、米坑、松山尾。

圣堂镇：猪仔山、三山、满仓里、下天村、水塘、上隔巷、下隔巷、长安、塘皋、稔岗、沙咀、尚和塘。

牛江镇：平岭、鹏昌、大坑、崩楼、红楼、仕洞、马龙塘、南兴、大兴、向东、七堡里、土皮坑、西坑、洞心、姜村、石龙水、牛婆朗、连昌、连梅、东闸、吉乐、龙湾、长乐、龙山、明安、梅花、龙南、银平、燕村、锦园、葵园、山塘、学塘、龙岗、学洲、永安、回龙、学龙、西盛、潭口、永乐、牛围、莲子塘、莲和、莲秀、莲华、莲龙、莲兴、莲芳、长岗、牛江圩、岭平、南岗、东边朗。

良西镇：白石路、三夹朗、横塘、鹤咀、旧横塘、旧村、坪地、高塘、山致禾、良心洞、获耳仔、长坪、白山、潭洞、潭流、中岭、长龙、牛肚龙、竹山、中心、婆山、新城里、永安、龙湴、新村、知坑、云院、大塘、后明塘、海咀、新龙、新安、龙安、黄茅田、黄沙河、九凸、大王坑、车陂、灯心塘、黄毛龙、洞心、稔坪、那西、响湖、那湾、向东、向南、谷西、铁炉岗、何村、方券、马安里、龙塘、长塘、中禾、六禾、平顶、湴塘、平洲、那交、上冲、曾屋、虎山、花稔树、大塘口、新厂、龙江咀、获耳仔、兰岗、孔村、横龙仔、木后塘、上落西、大坪、山塘、石横排、松柏根、新松里、黑坭、城头、飞鹅塘、福岗、新平、月水、平塘、长坑水、红石。

沙湖镇：扁冲、安西、安东、横陂、新村、松山、马山、龙里、平昌、水楼、岐岗、塘安、大院、凤岗、长安、塘边、塘芳、南安、牛路水、大坪、高园、鹏岗、企龙、塘劳、高新、莲芳、路岗、岐山、新平、龙现、顺庆、陂后、南昌、白山、堪厚、牛山、成春、龙安、岐岭、朋冈、梨西、梨东、中岭咀、那平、岭南、西元、大元、金鸡山、新安、横岭桥、龙如山、鸡乸山、圣元、蛟龙、陈村、东成、探坑、流塘、塘围、塘窝、龙门、屋山岗、东成、新宁、长安、贵锋、松柏、连开、思龙、田心、北雁、马坦、旧庙、蛇口、沙湾、车园、西社、中闸、东头、和塘、五福里、吉龙、东岗、门咀、东联、西华、北联、新村、水坑、盘龙、水口、如象、飞鹅圹、黄茅岭、果园、晒谷石、淌咀、新村、圹寮、正村、塘口、松江、松圹、六古头、三关、金湖、金贵、点保、龙屋、海溪、慎行、塘下、沙湖村、横岗、和平、横水、龙岗、乌石、上凯岗、鸡啼营、沙湖小队。

那吉镇：山界坪、大朗、塘角、黄牛栏、那逢、响水洞、乌头冲、那吉圩、聂村、东坑、马皇冲、石湾、古楼、黄金塘、龙咀里、潭洞、那芬、均坪、那彪、增光、狮子岗、新队、金盘、潭角、平地园、平安、高塘、北后、狮山、潭洞、上朗寸、下朗寸、岭背、那庄坑、新朗、大洞、新村、城围、上良皮、下良皮、中间村、新屋、塘迫、怡乐、新坪、上云礼、下云礼、中间坪、石湾角、石吉、莲塘、新村、六楼、南安、巷口、东岸、向阳、鸭颈、黄榄角、羊栏、水禾田、长塘、水环冲、茅坪、万洞、大陂头、新东、新坪、回龙、上九头、下九头、蓝底、和平、湴朗、新塘、新联、热水朗、地古田、七星坑、西冲坑、沙坪、新村、窑口、庙咀、凤皇、上洒、湴洞、草地坑、竹罗坑、南蛇田、九南洞、向车、单竹水、高水坑、白地、河尾、大湾冲、湖端、新龙、沙河、三夹、潭洞。

三、丰功伟绩　历史贡献

早在20世纪20年代，恩平地方党组织就在全县开展农民运动。在第一、二次国内革命战争、抗日战争和解放战争时期，恩平革命老区和老区人民为革命胜利发挥了重要的作用，建立了不朽的功勋。在革命战争年代，创立了一片片根据地和游击区，老区人民竭尽全力，从人力、物力、财力等各方面支持革命。革命战争年代，全县有691人参军，牺牲241人。其中在第一、二次国内革命战争中牺牲22人，在抗日战争中牺牲12人，在解放战争中牺牲207人，被敌人杀害的老区群众有362人，间接被杀害的老区群众有2 013人，合计2 375人，财产损失达2 000多万元。

中华人民共和国成立前夕，恩平县成立支前司令部，各区分别成立支前工作站，全县筹集一大批粮食、食油、食盐和马草等物资，为南下的解放军提供补给；成立由500多人组成“恩平民夫队”，步行前往阳江、电白，为解放军抬伤员、送物资，支援陈赓领导的第二野战军，歼灭国民党刘安琪部和余汉谋部二万多人，为解放军打通南路、解放海南作出很大贡献。在支前工作中，支前干部莫明被敌机扫射中弹，光荣牺牲。

第二章

农运风起云涌　早期建党领航

第一节 恩平农民运动兴起

一、成立长安农民协会

从19世纪中期开始，中国逐渐沦为半殖民地半封建社会。当时，北洋军阀和各反动政治势力投入其各自相依的帝国主义的怀抱，相互倾轧、连年混战，给中国人民带来深重的灾难。20世纪20年代，恩平亦处在军阀混战的状态。盘踞在广州地区的军阀莫荣新和南路地区的龙济光等，因利害冲突，在恩平境内进行了3次拉锯战。军阀在混战期间乘机抢掠，杀人放火，无恶不作，造成社会动荡、人心彷徨、经济萧条、农田荒废。由于军阀混战，地方政府乘机向人民滥征捐税，在原有苛捐杂税的基础上增加了田赋税、壮丁税等10多种税种。据史料记载，从中华民国成立到大革命时期的10多年间，恩平的地租由原来的每斗（约为0.06公顷）田收租谷25千克涨到37.6千克，增加了50%。

除了军阀混战、地主剥削给农民带来的灾难外，横行的贼匪也是当时社会的一大祸害。1922年至1924年，十一区白庙堡土匪头目钟福基网罗土匪1 300多人，四处打家劫舍。钟福基匪帮在梁姓24个村庄及那吉圩（今那吉镇圩镇社区）烧毁房屋200多间、杀害居民9人、掳去居民41人、抢去耕牛100多头、勒索白银300多两，以及掠夺一大批大米、生猪、“三鸟”（即鸡、鸭、鹅）等物资。那吉地区有贼匪1 000多人，4个多月内在当地先后进行3次抢劫，有的家庭被抢劫一空，有的全村被烧光。朗底、大田一带，亦有土匪数百人，不分昼夜连续抢劫数月之久，致使村民妻离子散，无家可归。当时，恩平全县群众“谈匪色变”。

在统治阶级压迫剥削、军阀混战、贼匪横行的情况下，劳动人民无法忍受非人的生活，也曾陆续地进行反抗。当时，大田、朗底、沙湖等地相继发生了农民暴动事件。统治者则以所谓“防匪、维持治安”为借口，在各区成立警察局。乡村豪绅利用公尝款，成立地主武装民团等组织，建立一套健全的区、乡、保、甲统治机构，镇压人民的反抗，以巩固其反动统治。然而反动阶级越是残酷压迫，广大农民越是迫切要求推翻黑暗统治，要求废除一切压迫和剥削的封建社会制度，这为以后开展大规模的农民运动准备了条件。

1925年9月13日，恩平籍的海员梁廉、梁振三、禤全光（又名禤荣）等受广东省农民协会和省港罢工委员会的派遣，在广州农民运动讲习所罢工工人补习班学习两周后，回到恩平进行社会调查，并向农民、店员、工人宣传革命道理，揭露帝国主义、军阀、贪官污吏、土豪劣绅压迫剥削的罪行。经过一段时间的宣传发动，于1926年2月，在梁廉、梁振三、禤全光等人的组织领导下，恩平县各界群众代表会议在圣堂圩广万祥商店召开。参加会议的有工人、农民、华侨、船民、商界代表共60多人。会上，禤全光传达了广东省农民协会执委会扩大会议的精神，并提出“打倒军阀、废除不平等条约；打倒贪官污吏、土豪劣绅；组织农民协会，组织农民武装；保护农民利益，维护佃权；清算公尝，兴建水利，兴办学校”等一系列主张。这些主张，符合广大群众的利益，与会者都表示热烈拥护。会议还研究了筹建国民党恩平县党部（简称“县党部”）和组织农民协会的有关事项。经过一段时间筹备，县党部于1926年3月成立。县党部执行委员有梁廉、梁振三、郑廷钦、禤全光等11人，常务委员是梁廉；下设农民部、妇女部、宣传部。接着，各区党部和部分乡村的分部先后成立。县党部的成立，是革命统一战线政策在恩平实施的成果。

1926年春，在筹备建立县党部期间，梁廉、梁振三、禤全光等人着手组建农民协会。1926年6月，长安农民协会（简称“长安农会”）宣告成立，这是恩平县第一个农会。长安农会由7名委员组成，会长为梁栋荣，有会员120多人，占全村成年人的90%。

1926年7月，天村、隔巷、塘皋、牛皮塘等10多个农会相继成立。各地的农民协会成立后，恩平县掀起了打击贪官污吏、斗争土豪恶霸的高潮。三区的农会率先联合斗争了靠霸占公尝起家、拥有3.5万多千克租谷的大恶霸冯颂尧，没收其侵占公尝的白银4 000两，收缴其所把持的公尝账簿，交由农会管理。各地农会把斗争得来的款项，一部分无息贷给贫苦农民，一部分用于兴办公益事业，并将公尝的耕地调整给少地或无地的会员耕种，帮助农民发展生产。

二、建立农民自卫军

1927年8月中旬，中共广东省委根据中共中央“八七”会议的决议，布置各地党组织发动农民武装暴动。禤全光接受中共广东省委的安排，从广州重返恩平，组织武装暴动。禤全光回到恩平后，在塘皋村召开了全县农会骨干分子会议，传达上级党组织的指示，做出组织农民自卫军武装攻打恩城的决定。9月12日，禤全光在塘皋村召开农会骨干会议，宣布成立农民自卫军。农民自卫军共有1 000多人，禤全光任团长，王坚准（中共五邑地委委员）负责政治工作，王仕烈（中共五邑地委委员）负责军事指挥。这次会议，商定了攻打恩城的具体行动计划，拟兵分三路夹击国民党恩城县政府。第一大队大队长为梁栋荣，第二大队大队长为吴伯暖，第三大队大队长为梁颂尧。当时，国民党恩平县县长黄维玉派已被招安的原贼首吴荣翰，与胡荣梓、梁作霖带领200多名反动武装就驻守恩城，可见这是一场硬战。

三、攻打恩城

攻打恩城的行动时间定于1927年9月15日，史称“九一五”武装起义。9月14日，各路农民自卫军按计划分头到指定地点集合。晚上9时，梁茂洪、梁齐乐带领一支13人的突击队，袭击三区警察署。突击队一枪未发，就俘虏哨兵和圣堂区长何礼逢及队员3人，缴获步枪15支、弹药一批，只花15分钟便结束战斗。前哨战斗的胜利，大大地鼓舞了士气。15日清晨，天刚蒙蒙亮，战斗号角吹响了，突击队以猛烈的火力袭向敌阵，守城敌军居高临下，顽抗固守，战斗十分激烈。当时，面对9米余高的城墙，农民自卫军缺乏攻坚武器；又因通讯设备差，南路军尚远离恩城数千米，西路军延误了时间也未及时赶到，所以仅靠东北路军，孤军激战两小时，仍无法攻下城门。在这种情况下，若延长战斗，于农民自卫军不利，为避免不必要的损失，农民自卫军主动撤退。战斗中，农民自卫军战士梁扶来、梁虾存、梁和昌、梁荣桧、梁如党、梁金珍、梁兆荣、吴德盛等8人牺牲。这次武装暴动是中国共产党领导下的恩平人民向反动统治者打响的第一枪。虽然失败了，但其影响所及，震慑了五邑地区的反动当局，显示了人民的力量，为以后中国共产党在恩平建立组织和培养革命力量打下基础，为领导武装斗争提供了宝贵的经验。

第二节 国民党当局镇压农民运动

“九一五”武装起义失败后，国民党恩平当局连续派出爪牙，肆意对参加攻打恩城的农民自卫军战士和农会骨干进行报复，实行血腥镇压。恩平县长黄维玉惊魂甫定，于1927年9月17日，即派胡荣梓部、由恩城警察所所长梁远任向导，窜到二区、三区、四区等有农民自卫军的村庄捉人、烧屋、抢劫、勒索，迫害农民自卫军的家属，可谓无所不用其极。胡荣梓部将长安村农会长梁栋荣、农会委员梁悦的房子及农会会员聚会的店铺烧毁，将村中父老多人押往恩城示众，勒交白银650两，才准具结释放；在圣堂隔巷村，将禤全光住屋烧毁。在敌人的疯狂镇压和搜捕之下，禤全光等一批已经暴露了身份的农会骨干被迫撤到香港、澳门、广州躲避。就在这期间，禤全光在澳门光荣地加入了中国共产党，成为一名无产阶级先锋战士。1928年年初，国民党恩平县县长黄维玉卸任，大恶霸吴颂唐通过与国民党军南路新编第二师师长陈章甫拉关系，充任恩平县长。他走马上任后疯狂地叫嚣：“凡参加‘九一五’暴动的人，都要追究九族，严惩不贷，以儆效尤。”随即吴颂唐派出县警察中队长胡荣梓带队，窜到塘皋村、长安村、天村及十一区一带“追究”，计共勒索白银6 000余两，毁民房一批。“九一五”武装起义失败后，恩平的农民运动暂时处于低潮。

第三节 党组织的建立

1926 年以来，广东省党组织曾几次派员试图在恩平建立党的地方组织，但因种种原因未能实现。1927 年 12 月6 日，中共广东省委决定成立中共恩平县委，任命冯燊（圣堂天村人）为中共恩平县委书记。冯燊于 1925 年夏在广州加入中国共产党，是最早的恩平籍共产党员之一，曾任广东省罢工委员会船务处党代表和中共广东南路特派员主任。1927 年秋，他因阻止军队进驻该委员会驻地被保安队开枪打伤脚部，押进敌人控制的医院治疗。后经组织营救，冯燊于 1928 年 1 月初被送回恩平养伤。其间，中共恩平县委改称中共恩平县工作委员会（简称“县工委”）。不久，中共广东省委又委派冯炎国（圣堂山爪村人）回恩平，任县工委委员，协助冯燊开展工作。县工委经过努力，把大革命时期的农会老会员和群众中的积极分子重新组织起来，以“睇牛会”“兄弟救济会”等名义进行活动，并以“保耕安种会”的名义，组织一支 16 人的武装队伍，以维护社会治安作掩护，维护农民群众利益。1928 年夏初，冯燊等人在圣堂天村发展了冯创三、禤二女、冯尤暖（又名冯明见）等 5 位老农会会员为中国共产党党员，建立了天村党支部，这是恩平建立的第一个党支部。经过一段时间的工作，又在长安、进职、平塘、热水及莲塘等村建立党的基层组织。1928 年 11 月26 日，中共广东省委决定将恩平县的党组织划归中共新会县委领导，县工委改称为特支干事会，冯燊任特支干事会书记。1929 年 4 月 25 日，特支干事会又改称特支委员会，冯燊任书记，黄业任组织委员，冯明见任宣传委员。恩平县党员已发展到 56 人（知识分子 21 人，农民 35 人）。1929 年，国民党当局提出“宁可枉杀一千，不可使一人漏网”，对共产党员和革命群众实行血腥大屠杀。当时中共广东省委内部出现叛徒，冯燊负责联系的中共开平县委被敌人破坏。为安全起见，1929 年 5 月，中共广东省委将冯燊暂调至香港。从此，恩平县的党组织停止了活动，革命运动转入低潮。1934 年春，在恩平籍的左翼文化同盟广州分盟领导成员郑挺秀的组织领导下，广州的学生吴枫、郑樵秀（又名郑铮）、郑平等人创办《新恩平》刊物，以团结更多进步青年开展革命活动。后因叛徒告密，郑挺秀于 1934 年 1 月 29 日被国民党反动派逮捕，同年 8 月被杀害。郑樵秀、郑鼎诺等于 1936 年 9 月返回恩平，在学生中开展抗日救亡宣传活动。从“九一八”事变到抗日战争全面爆发的 6 年多时间里，由于进步青年积极传播革命思想，恩平的革命活动又在学校中开展起来，为以后全县大规模的抗日救亡群众运动打下了一定基础。

3

第三章

抗日烽火燎原　同仇敌忾歼敌

第一节 抗战爆发前后恩平的政治形势

抗日战争全面爆发前夕，国民党恩平县政府独断专横，推行“反共”、反人民的法西斯统治。当时恩平的社会经济萧条，万马齐喑，广大人民群众没有民主，没有自由，处于水深火热之中。对于国民党的反动统治，人民群众早就强烈不满，尤其是广大农民，他们渴望通过革命推翻地主阶级的压迫和剥削。抗日战争全面爆发后，民族矛盾上升为主要矛盾，各阶层的共同任务是打倒日本帝国主义；恩平的政治形势发生急剧变化，处于社会底层的广大人民群众不愿当亡国奴，家国仇、民族恨集中迸发，从而推动产生了巨大的革命力量。县内的国民党统治阶层和地主豪绅阶层逐渐分化，除了少数人坚持“反共”、反人民立场外，大部分人已经开始表现出其爱国之心，有的人则是为其生命及其家庭财产的安全着想，表示愿意出钱出力抗日。这些人与其他抗日力量一起，于1937年9月，在恩城公立图书馆成立各界抗敌御侮后援会（简称“抗敌后援会”），吴伯暖任秘书长，进步青年郑鼎诺、郑路任干事。统治阶层和地主豪绅阶层中有的人口头表示愿意抗日，但不愿出钱、出力，持徘徊观望态度，处于这种中间状态的人为数不少。国难当头，也有背叛民族利益，乘机走私资敌，偷运钨矿、粮食等战略物资，大发国难财，充当汉奸走狗、卖国贼的人。

第二节　恩平地方党组织的重建

抗日战争全面爆发前夕，广东各地党组织相继恢复。受进步思想影响的恩平籍知识分子在广大群众中积极传播马克思列宁主义，开展抗日救亡活动，为中国共产党恩平地方党组织的重建准备了条件。1938 年 1 月，中共南方工作委员会外县工委派出恩平籍的中共党员黎永超回恩平，以县立小学校长的公开身份作掩护，开展抗日救亡宣传活动和发展党员工作。1938 年 4 月，原在中共广州市委机关工作的吴超炯被调回恩平，开展发展党员的工作，于 1938 年 6 至 9 月间，先后发展了郑鼎诺、郑路、梁文颖为党员。1938 年 10 月底，中共西南特委（后改称“粤中特委”）决定重建中共恩平县工作委员会，并决定把在中共西南特委任秘书的郑锦波和中共顺德县委委员邓青云（又名邓戈明）调到恩平。1938 年 11 月初，冯燊（时任西南特委副书记）在东边朗村郑锦波的家里召开会议，与会者有郑锦波、吴超炯、邓青云等。会上，冯燊传达了中共广东省委和中共西南特委的指示，宣布成立中国共产党恩平县工作委员会，冯燊任县工委书记，郑锦波任县工委副书记兼组织部部长（主持日常工作），吴超炯任统战部部长，邓青云任妇女部部长。1939 年 3 月中旬，县工委改称中共恩平县委，冯燊不再任职，郑锦波任书记兼组织部部长，吴超炯任委员、统战部部长，郑樵秀任委员、宣传部部长，邓青云任委员、妇女部部长。中共恩平县委成立后，大力发展党组织，培养农民、进步知识分子入党；冯燊在圣堂天村恢复一些人的组织关系并吸收一些人入党；同时，在知识分子中发展了一批人加入党组织。至1939 年底，被党组织恢复组织关系和新发展及从外地调入的党员共 49 人。随着党员的增加，中共恩平县委为加强党员的组织领导，先后建立了恩平县小学教师抗战同志会支部、抗敌御侮后援会党小组和旅港恩平回乡服务团（简称“服务团”，由中共香港市委组织）支部、西江回国工作团支部等党的基层组织。翌年，党员发展到 127 人，建立了一区、二区、四区工作委员会。党组织的不断发展壮大，加强了对全县抗日运动的领导，推动抗日运动和革命事业的发展。一批经过斗争锻炼和考验的积极分子被吸收入党，恩平党组织进一步发展壮大。

第三节　抗日团体的建立

1937 年，“七七”卢沟桥事变后，恩平人民发出“不当亡国奴”“把日本侵略者赶出去”的呼声，纷纷组织起来，开展抗日救亡运动。1938 年 7 月，郑鼎诺、梁文颖等人在江洲小学建立了恩平县小学教师抗敌同志会。这是由共产党员直接领导的党的外围组织，开始时有 80 多人，到 1939 年春发展到 140 多人，并在会内建立了党小组，郑鼎诺任党小组组长。1938 年 11 月，恩平青年抗日先锋队（简称“抗先队”）在圣堂小学宣布成立，吴质文任队长，郑文骥任副队长。抗先队是在粤中“抗先总队”的领导下建立的，也是由共产党直接领导的抗日群众团体，有队员 100 多人，多是知识青年和中小学生。到 1939 年秋抗先队发展到 300 多人。1939 年 2 月，恩平县各界民众抗战抗敌御侮后援会工作队（简称“后援会工作队”）成立，郑路任队长兼党支部书记。其队员一部分是香港西江回国战地工作团撤销后并入的，共有 10 多名队员，其经费由后援会工作队提供，他们深入到大田等山区乡村开展抗日救亡的宣传活动。1939 年 3 月 8 日，恩平县妇女抗敌同志会（简称“妇抗”）在江洲小学成立，队员有中小学的女学生、女教师、农村的积极女青年、侨眷等，共 100 多人，县工委委员、妇女部部长邓青云任主任。妇抗除了教育、团结、发动妇女参加抗日救亡运动外，还建立“姐妹会”等组织，以团结妇女与封建势力和旧的礼教作斗争，争取妇女的解放。1939 年 9 月中旬，旅港恩平回乡服务团第二团（简称“服务二团”或“二队”）在君堂敬业书院成立，郑路任团长兼党支部书记，郑斯彦任副团长兼党支部副书记，共有队员21人，活动在大田、良西一带山村。在党组织的领导下，恩平还成立了抗日儿童团和抗日少年先锋队（简称“少抗”），共有队员7 000多人。各抗日团体的建立，为开展敌后抗日游击战争打下群众基础。

第四节　抗日时期的统战工作

县工委重建前后，县工委主要领导人就把做好统一战线工作作为领导抗日救亡运动的重要内容，以党的抗日民族统一战线政策来指导抗日救亡运动。1938 年秋，冯燊受中共广东省委的委派，回恩平工作。他回来后，执行中共广东省委的指示，贯彻党的统一战线政策，从多方面开展统战工作。在重建县工委之前，冯燊就与县内的社会名流梁子衡（三区长安村人）接上关系。冯燊和吴超炯等人与梁子衡一起，共商抗日救国大计。1938 年 12 月 3 日，禤全光、郑林、冯美坤等率旅港恩平回乡服务团 20 多人抵达恩平，参加恩平抗日救亡的宣传活动。服务团到恩平后，县工委派团长禤全光会见当时的国民党恩平县长李纪堂，成功争取服务团活动的合法权，以及成功争取将恩城的东洲祖祠作为服务团驻地。这是统战工作的胜利。接着，香港西江回国战地工作团一行 12 人，在团长邓一鸣（又名邓展明）的带领下到达恩平，进一步扩大了抗日救亡队伍。县工委通过做好统战工作，于 1939 年春，动员了中国左翼作家联盟成员、国民党恩平县原县长祝秀侠和民主党派及宗教界人士为抗日出力。原国民党某师政治部主任曾伟是农工民主党党员，广州沦陷后，他弃职偕夫人在恩平闲居，郑锦波主动与他联系，动员他参加抗日救亡运动。宗教人士余惠珍，参加了县的“妇抗”并任名誉主任。县工委还和国民党第一专员公署总务科科长冯镜予建立统战关系。独醒中学校长郑芷腴积极支持10多位亲人投身革命洪流，与共产党荣辱与共。抗日战争一开始，县工委就取得郑芷腴对抗日救亡运动的支持。郑芷腴同意安插共产党员到独醒中学任教，使他们有合法的身份去领导救亡运动。

第五节 建立抗日武装组织

抗战全面爆发后，中共广东省委要求各地党组织建立群众性抗日武装自卫团体，号召共产党员参加群众武装工作，要把恩平建设成为西南特委抓武装的后方基地，1939 年 1 月，冯燊争取了统战对象梁子衡的支持，成立恩平县抗日政治大队，梁子衡任大队长，吴超炯任副大队长，郑锦波任参谋长。队委中有恩平籍进步学生吴炳南（中山大学学生）、留苏学生岑若冰。队委还派出党员和党外积极分子担任各区、乡中队和小队的队员。恩平县抗日政治大队表面上是国民党县政府的一个群众团体，实际上是共产党掌握的公开半武装组织，由开始的 100 多人，发展到 400 多人，平时看更护村，维持社会治安，有时以野营的方式，集中开展军事训练和政治教育，为以后开展武装斗争打下良好基础。1939 年春，在争取了国民党恩平县原县长祝秀侠的支持之后，县工委安排一批共产党员在国民党县政府机关任职，掌握抗日武装力量。其中，吴枫、郑楚秀分别担任岭南乡、君堂乡乡长，直接控制这两个乡的乡丁队。县工委通过统战对象，动员国民党在恩平建立的抗日武装自卫大队及辖下第六大队、第七大队、第八大队等 15 个大队参加抗日工作。县工委先后派出一批党员到这些大队开展统战工作，并在大队里发展了一批共产党员。1945 年 3 月 1 日，广东人民抗日解放军五团（简称“五团”）在清湾圩宣布成立。同年 4 月 9 日，五团配合广东人民抗日解放军司令部攻破国民党的大田粮仓，实现分粮济贫。同年4月25日，五团与广东人民抗日解放军一、四、六团一起，分别从岑洞、马狮田出发，远道奔袭国民党广东省政府设在阳春县的春湾银行。此役部署得当、准备充分、兵力占绝对优势，且指战员勇敢，五团政委郑锦波等都在前线冲锋陷阵，终以大捷告终，毙俘敌七八十名，缴获轻机枪4挺、手枪数10支、步枪200多支、子弹近万发、没收银行存放的金圆券400包（每包200万元）、港币58万元，以及金器等财物一批。五团与广东人民抗日解放军一、四、六团同时打开粮仓救济饥民，给恩平、新兴、阳江、阳春四县边区的贫苦农民无息贷款或救济，以解决贫苦农民生产、生活上的困难，帮助贫苦农民度过青黄不接的饥荒。

第六节 建立游击根据地

1945 年 2 月，广东人民抗日解放军挺进恩平，与恩平抗日游击队会合后，在恩平县地方党组织的支持下，组建了五团部队，并以云雾山为中心，在恩平的清湾、岑洞、大坪、西水、岗坪一带和阳春、新兴边界，建立游击根据地，发动群众，除匪安民，寻找战机，打击日本侵略者和国民党反动派。1945 年 2 月 26 日，连贯、罗范群、刘田夫率领从蕉山战斗突围出来的队伍 100 余人，由郑锦波带到东边朗村。郑锦波托人送信给南岗村的吴荣（县委组织部长），与恩平县党组织取得联系。部队住在东边朗村期间，东边朗村的党员和群众为部队做饭、放哨。部队转移前，东边朗村的党员和群众从郑厚官在牛江渡圩开设的米铺挑回 9 担大米，把每个战士的米袋装满。郑锦波的母亲冯定霄还将自己家的一支驳壳枪、一支曲尺和一支美制冲锋枪交给郑锦波带到部队使用。冯定霄动员东边朗村几十户人家将家里的几十双鞋送给部队使用。县委负责人郑玛、塘口村党员郑松波、郑坤和南岗村的冯仲等人，也将自己家里祖传的枪支交给部队。五团建立之初，武器很缺乏，地方党组织就通过发动自己的亲人及群众将祖尝的枪支交给部队弥补武器的缺乏。全县的党组织动员共产党员和群众参加部队。上凯岗、东边朗、牛围、岭南、塘口、歇马、朗底等地先后有近百人参加部队，其中上凯岗村就有 20 多人参加部队。武装部队由此不断发展壮大。

抗战期间共产党的武装部队在恩平的活动，一直得到地方党组织及群众的支持和帮助。1945 年 2 月，第一次朗底战斗期间，朗底圩、塘背等村的群众不但为部队烧水、做饭，还不顾生命危险，冒着敌人的炮火到前线去救护伤病员。1945 年 4 月，广东人民抗日解放军司令部率部队奔袭国民党广东省政府设在阳春县春湾的银行时，岑洞、大陂等地有 200 多名群众协助部队侦察，搬运战利品，并帮忙掩蔽这些战利品。1945 年 7 月，部队开到那吉，到广湛公路上打击过境日军。那吉的群众主动让出房屋给部队住，还为部队挑水、挑米、送柴草等。群众的举动使战士深受鼓舞，斗志昂扬，在大槐顶打了一场漂亮的伏击战，毙伤敌军 30 多人。

第七节　华侨与侨属情系抗日

一、投身抗日行列

恩平华侨众多，是广东省著名的侨乡之一。在抗日战争时期，不少华侨、港澳同胞及其家属纷纷投入抗日战争，其中不少加入中国共产党，有的还担任各级党组织的领导职务。抗日救亡运动一兴起，恩平的侨属妇女就毫不犹豫地投入战斗行列，在其中发挥了重大的作用。抗战时期，恩平籍女党员有50多人，其中60%是侨属妇女。1938年11月，旅港恩平回乡服务团党支部副书记冯美坤（亦为该团副团长），带领服务团侨属妇女张兰、张健、卢莹等10多人，在恩平县委的领导下，深入乡村、学校，足迹遍及全县5个区20多个村庄，接触了数万群众。她们白天与群众一起参加劳动，晚上通过演戏、教唱歌、办民校、识字班、座谈会等形式，大张旗鼓地宣传共产党的抗日主张，为推动恩平抗日运动的开展贡献了力量。1939年，从江门前线运来了大批伤兵，国民党县政府置之不理，服务团党组织执行上级的指示，在位于恩城鳌峰山麓的“恩平学宫”办了一所临时救治伤兵的医院，指派冯美坤在医院负责领导工作，并且在服务团抽调了五位侨属妇女当护士。服务团党组织不仅发动群众捐款，购置担架、药品，而且发动不少中医生带中草药到医院义务医治伤员。通过创办医院，共产党在群众中的威信提高了。丈夫在国外谋生的侨属吴如柳，在党的教育下，担负着恩平、台山、开平等县的交通联络工作的重任，负责密件、物资的传送和掩护人员来往。她风雨无阻，出没在敌人的封锁线上，灵活、沉着、机智地通过敌人的盘查，出色地完成了各项任务。当时，侨属妇女负责交通联络的站点近 10 个，交通线长达 200 多千米，她们在执行任务时冒着生命危险，出色地完成党组织交给的任务。1945 年 1 月，侨属妇女何女爱化装成乞丐，替中共恩平县委给驻扎在高明的中区主力部队送信，然而在途中不幸被敌人杀害，光荣牺牲。恩平侨属妇女不但自己积极参加抗日运动，还积极支持子女、亲属参加。东边朗、南岗、南兴里、上凯岗、塘口、湖口、楼村、麦园、长湾、君堂村、南塘等村庄的华侨、港澳同胞较多，是党组织较早活动的乡村，群众基础好。抗日战争时期，侨属子女在区一级领导干部中占 30%，在县委一级领导干部中占 50% 以上。这些领导干部，有些还是独生子女。如侨属冯定霄，郑锦波是她的独生子。郑锦波时任县工委书记、广东人民抗日解放军五团政委等重要职务。侨属妇女冯仲，她的独生子吴荣是县委的主要领导人之一。冯仲的家是县一个地下交通站，她出钱购药，住在她家的伤病员，都受到她无微不至的照顾和治疗。

二、在政治、经济上支持抗日

抗战时期，广大华侨、侨属在政治、经济、物质上支持抗日，侨属中献出的枪支有数 10 支，以及金银首饰、现钞、粮食等物资一大批。冯定霄一家献出的上述物资价值超过 5 000 元。圣堂镇塘龙村华侨唐明照，1940 年在美国创办《美洲华侨日报》，团结华侨，支援抗日，联络其他侨报，联合发表《十报宣言》，号召国人团结一致，把日本侵略者驱逐出中国。唐明照和夫人还捐献一辆救护车给八路军。君堂镇黎塘村旅美华侨张瑞芬，是著名的航空女杰。抗战期间，她驾机飞遍华埠，进行募捐飞行表演，筹款支持祖国的抗日战争。

三、认购抗战救国公债券①

近年，恩平旅居加拿大的华侨在抗日战争时期认购的抗战救国公债券被发现。这批被发现的抗战救国公债券共10张，每张面额为10元，发行时间分别为民国二十六年（1937年）和二十七年（1938年），债券正面为中文，背面为英文，由当时的国民政府财政部发行。这批债券的收藏者是恩平市牛江镇莲华村归侨冯金雅。据冯金雅介绍，这些救国公债券是他侨居加拿大时认购的。当时他在加拿大的报纸上看到报道，日本侵略中国，同胞们饱尝苦难；于是他决定以实际行动支援祖国同胞的抗日救国斗争，认购了10张救国公债券，并将这些债券妥善保存至今。后来，冯金雅将这批珍贵文物交由恩平博物馆收藏。

---

① 参见恩平政协文史研究会编：《恩平文史》第35期，粤印准字（2005）第0091号。

第八节 抗击日军的战例

一、大槐顶伏击战

1945年7月16日和7月23日，日军分两批从雷州向广州方向撤退，经过恩平县境时，遭到县内的中共部队和群众共同抗击。7月17日，驻恩平的广东人民抗日解放军代理司令员谢立全率其主力部队，在恩阳公路大槐顶（土名）的狭小山地伏击第一批从雷州向广州撤退的过境日军殿后部队200多人。主力部队当晚又在米仓附近袭击日军宿营地，共毙伤日军30多人。中共部队牺牲1人（副班长），伤7人。此役，史称大槐顶伏击战。

二、抗日自卫队抗击日军

广东人民抗日解放军五团团长陈中坚、政委郑锦波率领部队在恩开边区抗击日军，他们在东成镇绵湖村组织30多名青壮年组成抗日自卫队（简称“自卫队”），配合五团抗击日军。7月28日至31日，一连4天，自卫队在锦江河畔与日军周旋，共击毙日军1人、生擒3人，后将其处决。

君堂镇永华响山村共产党员岑达组织10位青年、4名更夫，收集16支枪，成立护村队，并动员江洲圩4名警察加入，击退日军的3次进攻，毙敌3人。在战斗中，江洲警察岑滚中弹光荣牺牲。

三、坚守碉楼抗击日军

1945 年 7 月 25 日，60 多名日本鬼子窜入牛江镇仕洞村，攻打马来西亚华侨冯相的碉楼。该村的热血男儿据守碉楼愤起抵抗，激战两小时，敌人强攻不下，只好撤退。碉楼至今仍留下累累弹痕。

1945 年 7 月 30 日，日军来犯，一区南昌村黄春生等两位青年，坚守碉楼两天两夜，打退日军多次进攻，共击毙日军 6 人，打伤 2 人，迫使日军撤退。

第九节 日军罪行 罄竹难书

一、日军无恶不作[①]

1941年4月初一连4天，日军每天派1—3架飞机，从新会崖门口外的日舰上起飞，于上午8时左右飞抵恩平，对恩城地区进行狂轰滥炸。至1945年7月，敌军共计在恩平县境投下炸弹15枚，造成大量人员伤亡，仅恩城伤亡人数达78人，其中炸死5人，炸塌及烧毁住宅54间，学校24所，医院1所。1945年7月17日晚上11时至午夜，日军以小钢炮、掷弹筒和机枪等武器，以密集的火力射击西门、南门，致使恩城沦陷。镇内房屋家具被毁无遗，物资被抢劫一空，有居民3人被杀。日军后到各乡扫荡，途经圣堂、大江、平安、杨桥等乡，大肆抢劫拉夫。7月22日，日军300多人窜入平安乡水寨、堡城两村，杀死村民8人，掳去400多人，抢劫财物无数。7月27日，日军入犯歇马，打死村民4人，损毁家具等不计其数。7月30日，日军袭击牛江莲塘村，杀死村民7人，致重伤6人，致轻伤16人，强奸妇女3人（其中1人被日军轮奸后投河自尽），掳去70人，抢走牲畜一大批。同日，一股日军在良西雁坪里大肆抢掠，杀死乡民11人，掳去30人；

① 参见中共恩平市委党史办公室编：《恩平市抗战时期人口伤亡和财产损失》，恩印准字（2011）第004号。

在太平乡杀死村民15人，掳去充夫30人；在尖石乡杀死村民2人，掳去21人；在岭南乡杀死村民3人，抢掠牲畜及财物难以计算。7月，日军还在县内其他地方枪杀无辜妇婴群众，其中在圣堂圩就杀死无辜群众达21人。

当时雁平里的村民知道日军要来进行侵犯，能够走避的都走避了，剩下11位走不动的老人和病人。原以为日军不会侵害他们，但是，日军进村后把这11人全都搜查出来，并将他们驱赶到一处集中，用刺刀活生生地把他们全部杀死。良西横屋村的“豆腐九伯娘”因不让日军抢她家里的鸡蛋，被日军拖到村前小河边，后被刺死、分尸，惨不忍睹。

据统计，日军侵华期间，恩平县（含当时恩平县辖，后划归开平的原大沙乡、尖石乡、金鸡乡）的人员伤亡人数是2 375人，占1937年全县总人口250 630人的9.48%；居民财产损失1 496 177.89元，社会损失675 977.88元，共计损失2 172 155.77元。

日军侵华时期，日军飞机轰炸恩城，当地伤亡人数78人，老弱妇孺死伤最为惨重。

二、万安坟的悼念[①]

2000年3月27日，恩平市考古人员在沙湖镇关村后背山发现十分独特的坟墓。此墓除了有水泥捣制的基座外，在相距约2米处，还有一座水泥结构的造型别具一格的牌楼。牌楼柱两边贴有对联一副，其字体模糊不清，其内容大意是被日军杀害的死难

---

① 参见恩平政协文史研究会编：《恩平文史》第35期，粤印准字（2005）第0091号。

同胞永垂不朽。碑座中间嵌有花岗岩石块，上刻碑文。碑文显示，立碑时间为民国三十四年（1945 年），立碑人为伍兆启。

据知情的关村老人介绍。此墓俗称万安坟，内葬 50 多名死者。这些死者都是日军入侵时期（1945 年）死于此处的本地和外地同胞，他们中有人是被日军残杀的，其中两名是国民党军人；有的是由于日军入侵造成战乱频仍，从五邑各地逃难而来，并不幸饿死村头路边。这些死难同胞后被心地善良的关村族长伍兆启组织村民予以收殓埋葬，族长和村民还捐一大笔钱为死难同胞树碑立基，以作永久悼念。村民称此墓为万安坟，以警示后人不忘国耻。

三、日军在圣堂犯下的罪行①

1945 年，日军投降前夕，南侵日军奉命沿广湛公路北撤。旧历六月十五日凌晨，敌前哨抵达圣堂。

当日，适逢圩期，赶早买卖的群众一上街，就见到守在圩口及主要街道的日本兵，马上就意识到一场浩劫将要到来。圩上行人匆匆四散。霎时，圣堂圩“宝兴当”楼顶架起一挺机枪、一队日军同时开至圣堂村面前阁仔庙。圣堂村梁启发、梁礽庥以为日军此行是来要食物的，便以代表身份走上前去，主动跟日军对话。梁启发做过多年海员，懂点外语，鬼子头领口蜜心狠，开口就是“brother”（兄弟），接着就提出要萝卜、大米、砂糖、盐等食物。为了息事宁人，梁启发全答应了。可是，鬼子最后又提出还要 20 个花姑娘，这可把梁启发难倒了。于是，他随便敷衍几句，就伺

① 参见《恩平文史》第 42 期，准印证号（粤 J）Y0115006 号，2015 年 9 月。

机溜走。

这时，沿公路两旁的长安、吉安、进职、塘龙一带百姓闻讯纷纷挑着粮食、铺盖，赶着牲口，拖男带女仓皇向良西、东成等偏僻地区逃难。

第二天，附近村庄和圣堂圩遭殃了。日本鬼子们三个一群、五个一队，一日几轮到处抢掠，每到一处，都是翻箱倒柜，杀鸡杀鸭、抓女人。由于百姓早已坚壁清野了，他们抓不到人，也捞不到什么东西，就拿老百姓的物件出气。有的在老百姓的灶锅拉屎，有的把门窗毁坏，有的扔家具、砸缸瓮，甚至连送丧穿的白衣、叶尖帽都拿走，弄得一片狼藉。

6 月 19 日，6 只船满载日军沿锦江河而下，停泊在澄溪村的锦江河边。村人四散逃避，日军入村，逐户破门洗劫。农民藏在竹园的猪，全被打死。

6 月 22 日，鬼子大队人马偷袭歇马村。全村一片慌乱，村民拼命向渡头河逃避。鬼子抓不到人，就发疯似的向对岸射击，村民梁想中弹身亡。歇马村被洗劫一空。

6 月 28 日，鬼子进扰小北村，抓去梁叠春媳妇郑氏。

6 月底，日军全面撤走。临行前到处拉夫，大北村梁灵开、长工陈盈等数 10 人被拉当挑夫。日军入侵圣堂半个月，共杀害当地群众 22 人，淫奸妇女多人。

日军的暴行，激起了群众的无比义愤，他们纷纷自发组织起来反击。日军进圣堂不久，区、村群众七八十人组成抗日队伍，袭击敌人。某日半夜，古犁塘长工吴喜（平安村人）、大北村村民梁海山等摸进斧头岗敌营，搬走日军用的帐幕一张及水桶、锅子等杂物一批，摧毁日军临时用松木架设的“大炮”和稻草人。6 月 24 日，他们夜袭圣堂“宝兴当”，一枪未发，摸走敌机枪两挺。至6月底，最后一批日军撤离时，敌兵打起“借路过境，你不打我，我不打你”的旗号。塘龙村村民见状，义愤填膺，立即集合乡民60多人，以唐泽民为队长，打雀麟（化名）为射手，隔江狙击敌人。敌用莲子机枪还击，火力猛烈，乡民不得已四散潜伏，避其锋。待敌大队过后，村民尾随其后，出其不意，捉获日军一名，大快人心。

4

第四章

峥嵘岁月奋战　恩州大地翻天

第一节 恩平地方党组织的调整与整肃

1946 年，恩平地方党组织实行特派员制，时任特派员为谢鸿照。7 月下旬，组织安排谢鸿照调离恩平。他离开恩平前，在塘口村召开会议，传达上级关于“军党分家，以利长期隐蔽”的指示。这一时期武装人员采取军事行动时，不和地方党组织发生关系，以利于地方党员的隐蔽。武装人员根据需要，可随时出击敌人，这样更利于保存党组织，保存革命火种。9 月中旬，中共中区特派员李克平从鹤山调入恩平，接替谢鸿照任特派员。为便于隐蔽，上级党组织同意李克平住在开平虾边小学，以校长身份作隐蔽。由于谢鸿照在李克平未到前就离开恩平，党员的组织关系没有当面交代清楚，致使县内一部分党员在相当长的一段时间内与组织失去联系。李克平接任恩平特派员后，按照谢鸿照交代的代号，逐步与“失联”的党员恢复联系。1947 年初，部分党员由于看不到斗争的有利条件和前途，思想变得混乱，致使组织涣散。恩平党组织认真贯彻中共中区特委关于“整理组织，审查干部，防止奸细混入；教育干部，克服悲观情绪，提高政治认识，增强斗争信心”和“弄清历史，求得思想一致，增强工作效能”的指示，开展了整风审干学习。经过审查，至 1947 年年底，李克平先后与 60 位“失联”党员接上关系，尚有 45 人失去联系，而自动退党的有 6 人、自首 4 人、牺牲 1 人。通过整风审干，全县党员干部端正了思想，提高了认识，党组织也因此更加纯洁，更加团结，更富有战斗力。

1948 年 4 月底，党组织根据恩平县武装斗争的发展，人民群众情绪日益高涨的情况，决定恢复中共恩平县委建制，吴枫任县委书记，李克平任县委副书记兼组织部部长。至 6 月，增加郑鼎诺、黄东明、李白为县委委员。恢复县委建制后，相继建立了各区委员会和区武工队。这一时期，全县有党员 124 名，其中 70% 参加了武装斗争。

第二节 恩平县独立武工队成立

1945 年 11 月底，恩平县独立武工队宣布成立，陈川任队长，郑重任政治委员，队员有 20 人。该队受中共恩平县委书记谢鸿照和原中共中区临时特委卢德耀的双重领导，从事隐蔽武装活动，开展经济工作，进行政治宣传，深入恩城，向市民、警察局警员、保安队官兵广发宣传资料，收到了很好的效果。

1946 年初，广东人民抗日解放军的主要领导和部队大部分团以上的干部开始北撤。中共中区临时特委决定中区部队每县留下一个精干的小分队，以保持同游击区广大群众的联系，保护复员军人和伤病员，配合地方党组织进行隐蔽斗争；其余排以上干部和身份已暴露的地方党组织领导人一律撤离。武工队参加北撤的有郑重等干部，留下在恩平坚持武装斗争的有陈全、冯超等 17 名干部和队员。留下的人组成武装小分队，负责人为陈全、冯超。小分队的任务是长期隐蔽，保存力量，联系群众，等待时机。部队首长估计部队北撤后，广东形势更加险恶，小分队必须在一个相当长的时间里采取隐蔽斗争的方式，以麻痹敌人，并保持同群众的密切联系，采取一切可以利用的斗争形式，以求得生存和发展。

广东人民抗日解放军北撤后，国民党反动当局立即加强了对中共部队的围歼、搜捕。国民党恩平县政府到处张贴“告示”，出“花红”，大发虎威，到处设立关卡，加强保甲制，实行五户联保，并四出搜查捕捉所谓“赤色分子”，稍有可疑者，就不问青红皂白，或拘捕下狱，或杀头。坚持隐蔽斗争的武装小分队除在军事上、政治上受到迫害外，在经济上也极度困难，吃饭问题时时威胁着战士们的生存。解放军北撤时，除了把一些武器留下外，没有分文留下来。为了解决生活问题，武装小分队组织一些战士上山砍柴烧炭，做木屐，有的则去挑盐担串圩卖盐。尽管国民党反动派妄图以军事上和经济上搞垮留下坚持斗争的武装小分队，但在地下党的帮助下、在人民群众的大力支持下和保护下，武装小分队终于度过了这个最困难的时期。

第三节 东征部队挺进恩平

1948 年年初，中共中央香港分局（简称“香港分局”）根据“粉碎蒋宋计划，迎接南下大军”和“各地应该有计划地向敌薄弱的地方突破，以反包围，及在有条件下，可采取大迂回去发展”的指示，决定由南路部队组织东征、西征，从两个方向同时出击，以击破敌人对南路的重兵“围剿”。香港分局还计划西征部队到十万大山、中越边界，东征部队到茂（名）电（白）信（宜）地区，以云潭大山、云浮西山飞地、阳春八甲大山为新的根据地。粤桂边区人民解放军除留部分指战员在原地坚持斗争外，其他人执行东征、西征任务。执行西征的部队有 550 人，执行东征任务的部队有 750 人。东征部队命名为东征支队，欧初任司令员兼政委。4 月 5 日，东征支队在遂溪县北区下洋村誓师出发东征，于 5 月初分别在阳春马狮田（地名）与中共中区地委委员郑锦波率领的部队会师，在恩平大陂村与吴有恒会合，在朗底与冯燊和中共广南分委胜利会师。东征支队在东征途中，在受到敌人围追堵截的情况下，穿越遂溪、廉江、茂名、信宜、云浮、罗定、阳春、恩平等 10 多个县，行程 1 000 多千米，进行大小战斗数 10 次，歼敌 160 多人，缴枪 50 多支，破仓分粮 12 处，部队伤亡 17 人，失踪 4 人。东征支队挺进恩平后，恩平地方党组织、人民武装和人民群众积极做好接应工作，从工作上、生活上给予东征支队大力支持。时值青黄不接之际，朗底、那吉、清湾、良西、上凯岗等游击区的人民群众，宁愿自己少吃一点，也要拿出部分粮食给部队增加补给，有的甚至把留作晚造谷种的粮食也拿出来支持部队。

第四节 恢复五团建制与武工队发展

广东人民抗日解放军五团（恩平部队）于1945年3月1日创建后，在团长陈中坚、政委郑锦波率领下，发动恩平广大人民群众，抗击日本侵略者，打击国民党顽固派，建立了卓著的功勋。1945年9月中旬，广东人民抗日解放军在朗底整编，五团与其他部队合并，番号撤销，只留下一支由10多人组成的小分队坚持在恩平地区活动。根据武装斗争发展形势的变化，1948年4月底，中共粤中地委决定恢复五团建制，人员由东征部队第一连（山东连）、第二连（民主连）和吴枫所率的基干队组成，黄东明任团长，吴枫任政委，李克平任副政委。1945年10月，中共广阳地委成立，郑锦波任书记，委员有杨子江、吴枫、李信、郑鼎诺，隶属广东人民解放军广阳支队。两阳（阳江、揭阳）、新兴、恩平归中共广阳地委领导。

部队北撤后，各地留下坚持斗争的武装小分队，在一年多的时间里，在敌人的反复“清剿”和白色恐怖之中，以武工队的形式活动于广大群众之中，粉碎敌人的多次“清剿”，打击了敌人，渡过了难关，保存了力量；同时广泛地发动群众，播下了革命火种。1947年下半年开始，恩平先后以原武装小分队为基础，建立了良西武工队、四区武工队、江南武工队、大朗武工队、清那武工队、尖鹤武工队、夹水武工队等，这些武装部队像一把把锋利的尖刀，直插敌人的腹地。他们既是宣传政策、发动群众的工作队，又是保护群众、打击敌人、镇压首恶、锄奸反恶的武装部队。

第五节　开展反“三征”斗争

1947年，恩平国民党当局为了维持其反动统治，缓解其在兵源、给养与经济上的困难，大力推行“三征”（征兵、征税、征粮）苛政，致使征粮征税层层加码，征兵数额也大幅增加。1948年，恩平县征兵总额1 023人，1949年征兵总额2 015人。全县人民在国民党“三征”苛政的摧残下，受尽煎熬。在这种情况下，恩平的党组织，一方面救民众于水火，帮助群众度过春荒；另一方面也为迅猛发展的武装部队提供给养。1947年年底到1949年春，恩平的党组织通过统战工作和派党员进国民党政权机构工作等措施，以武工组突击的战术，在全县开展了一场反“三征”的斗争。恩平党组织首先发动群众反对国民党征兵政策，从而调动起群众的积极性。在群众抵制下，国民党的征兵政策受到重创，至1949年9月止，全县实仅征兵313人，只完成原先征兵计划的15%。同时，恩平地方党组织和部队分别在尖苍河（尖石至苍城）、锦江河和小洛设立税站，动员群众向游击队交税，以反抗国民党的苛捐杂税。恩平党组织和部队还在游击区实行“二五”减租，反对国民党征粮。在反“三征”斗争中，党组织布置各地武工队，首先将一批作恶多端的国民党乡、保长及“筹给会”主任等基层政权首要分子惩办，给敌人一个“下马威”，然后大举开仓，发动群众踊跃参加开仓分粮。参加搬运粮食的农民有8 000多人次，仅在3月，就打开国民党7个粮仓，共搬出粮食近万担

（50 万千克），使国民党当局大为震惊。以开仓分粮为标志的反“三征”斗争，帮助广大群众度过了春荒，共产党和武工队在群众中树立了威信，还激发了群众的革命积极性。兵源、给养以及经济方面的困难使国民党县政府当局叫苦连天，苦心经营的“三征”计划随之彻底破产。

第六节　解放战争战例

一、朗底突围战

1945年8月15日，日本宣布投降。9月，中共粤中区部队在朗底圩整训后奉命北上，后因局势变化，于10月10日返回朗底休整。

10月初，国民党恩平县当局违反《双十协定》，命令国民党部队六十四军一五六师师长刘镇湘率其师部坐镇恩城，并命其属下的四六八团分驻江洲圩、牛江圩、金贵圩、沙湖圩、清湾圩，对朗底进行包围。由大江乡乡长、朗底乡乡长分别带领江洲、牛江的两股四六八团部队800余人主攻朗底，正面袭击镬盖山中区部队驻地；驻金贵圩的四六八团和地方团队300余人，在大田乡长吴仲文带引下，经大田圩占领通天垅（土名）制高点；驻沙湖的四六八团和开平县武警大队、自卫队共700余人抵清由里和宠洞，以堵北面退路；驻清湾的四六八团和新兴、阳江、阳春三县武警队、自卫队共750多人抵双悦岭，以封堵西北面退路；驻恩城的四六八团和保八队、恩平县保警队共800余人，取道禾迳，直扑朗底。上述国民党军队共3 000多人分6路向朗底进攻。22日上午8时，战斗打响。中共粤中区部队四团增援镬盖山，二团先向双悦撤退，其余部队集中教子山村待命。9时许，驻扎清由里的敌军猛烈攻击教子山村部队，中共部队警卫连派出一个排占领北面高地还击敌人，掩护大部队撤退。敌军走了约1千米，遇上在双悦岭遭敌阻击退回的二团部队。两路部队会合后从榕根、福塘等地登上观音尖。在教子山负责阻击任务的部队连续打退敌人数次冲锋，但因寡不敌众，排长梁伟及战士20余人在阵地上牺牲。部队登上观音尖后，宠洞、双悦、清由里之敌从四面八方向观音尖猛攻，部队迅速抢占附近的石平山、八王头，形成三足鼎立之势，以阻击敌人。在两个多小时内打退敌人数次冲锋后，四团副连长周芳牺牲在阵地上。下午2时许，宠洞大约有敌军三四百人，十几挺机枪，像是天然壕堑一样的长形阵地被敌军控制。一团一连奉命抢夺长形阵地，两次冲锋到棱线，都被密集的扫射而被迫退回来。不久，中共部队两个突击队分成钳形夹攻，在猛烈火力掩护下进击，终于占领这个长形阵地。战斗中，掩护突击队冲锋的教导连指导员许洪羡不幸牺牲。时近黄昏，司令部在战地会议上做出部队夜间分两路突围的决定，一路是四团向东南方向，突出重围后挺进到台（山）开（平）恩（平）边境；另一路一、二团随司令部向北突围，进入新（兴）云（浮）边境。夜幕降临，枪声稀落，四团按计划在敌人阵前秘密通过，经婆髻山向目的地前进。一、二团由司令部指挥一个连监视宠洞之敌，掩护队伍撤退。一连在与敌前哨接触时，立即用猛烈火力压住敌人，大部队则有序地撤出包围圈，向新兴县低村前进，途中在新兴的上大田村小憩，于拂晓前全部到达和盛洞村。

此役，史称朗底突围战，共毙伤敌军100余人，我军牺牲干部、战士共37人，失踪及被捕30余人，河木里、塘背两村群众被捕9人，后均被杀害。这场战斗，中共粤中区部队在政治上取得了反内战的重大胜利，军事上粉碎了敌人经过一月余处心积虑的围歼阴谋。但由于部队领导思想上存在和平麻痹思想，对国民党反动派丧失警惕，对地下党从恩城送来的敌军布防集结的情报置之不理，对有些干部、战士提出的“部队已驻了10天，应将部队转移”的意见，也没有接受。部队仍然于20日举行纪念鲁迅逝世9周年文艺晚会，21日仍按兵不动，晚上再开文娱晚会，从而给敌人可乘之机，造成不应有的损失。

二、血战大坪村

大坪村位于君子山北面，离大田圩25多千米，距朗底圩20多千米，是游击活动的好地方。恩平地下党组织及武装部队与该村建立了鱼水般关系。1945年4月25日，广东人民抗日解放军将奔袭国民党省政府的春湾银行获取的一大批战利品（包括银币）隐藏在大坪村，不料被阳春县茶园乡地方反动武装头子黄兰香发现，将该情报密报上司。之后国民党当局派出国民党一五八师黄志仁团联合黄兰香分两路进攻大坪村，妄图以优势兵力消灭驻该村的人民武装和缴回阳春春湾银行的财物。1945年6月7日，黄志仁率一个正规团的兵力将大坪村包围，发起进攻。村里被围的100多名群众在村长许旺的指挥下，关上村闸门，登上村前4个阁楼坚守，与敌军周旋。攻了3天，敌军仍无法攻入村里。敌军从春湾挑来30担煤油、30张棉胎，将棉胎浸煤油点燃，4个阁楼顿时烈火冲天，浓烟滚滚，村子淹没在火光烟雾之中。这时，许旺认为与其葬身火海，不如与敌人决一死战，便指挥群众打开村门冲出去。在这个过程中，有4名群众牺牲、8人受伤，许旺等30多人被捕。敌人攻入大坪村后，见银行财物已被转移，便把群众捆绑起来，严刑拷打，威逼他们提供游击队情况。敌军未获取半点信息，便洗劫全村，抢去生猪40多头、牛羊200多头、粮食200多担（1万多千克），还强迫村民为担夫。此役，中共部队毙伤敌连长以下人员20余人，大坪村村民牺牲7人、受伤6人、被捕8人（后在监狱死去2人）。大坪村被洗劫后，五团部队拨出款项并发动其他游击区群众捐出种子、衣物，帮助大坪村群众恢复生产，重建家园。

三、镬盖山阻击战

中共粤中纵队主力和广阳支队五团为配合南下大军解放粤中而集中在朗底圩整训。1949 年 7 月 8 日，国民党政府军省保二师李江部、省保二师六团和县保警大队共 600 多人，向朗底解放区进犯。中共粤中纵队副司令员欧初、五团团长马平和政委郑鼎诺等获悉后，即令红星连主力一排在排长吴宽的率领下，镇守镬盖山，居高临下进行阻击。中共粤中纵队独一团一个连及红星连一部，又兵分两路渡河迂回侧击。战斗激战到下午 3 时，中共部队毙伤国民党政府军军官 4 人、士兵 20 多人，并击退国民党政府军数次冲锋。当一排完成阻击任务，部分战士已撤退时，国民党政府军集中炮火轰炸一排山头的临时工事，实行中央突破，并派兵力从镬盖山两侧迂回包抄。坚守镬盖山阵地的一排排长吴宽，政治服务员关森，战士谭植、吴浓、关华和苏宙等 6 人被重重包围。在弹尽援绝时，吴宽等坚决不投降，他们砸烂枪械，6 人围在一起，拉响最后一颗手榴弹，5 人当场壮烈牺牲，关华身负重伤后获救。这场战役史称“镬盖山阻击战”，吴宽等人被称为“镬盖山六壮士”。

四、鸡啼营战斗

1948 年 7 月底至 8 月中，广南军分委部队先后对国民党恩平境内的部队和自卫队进行主动出击，把敌人打得狼狈不堪，慌了手脚。这时，广南军分委司令部及五团主力，在广南军分委第一副主席吴有恒的率领下，集中在沙湖鸡啼营进行休整。当时，敌人酝酿了一个对刚进驻鸡啼营一带的部队的“围歼”计划。

1948年8月15日，敌“第一清剿区五邑指挥所”主任周汉玲率部，联合恩平县保警队和开平赤坎、恩平沙湖、牛江自卫大队等共1 000多人，分三路向部队进攻：第一路一个营，经江洲，会同牛江自卫大队向尖岗进发；第二路一个营，经赤坎，会同沙湖自卫大队，向上凯岗进发，从正面攻击；第三路一个营，经苍城，会同马岗自卫大队向南坑进发。敌人企图以优势兵力，采取分进合击的战术，将广南军分委司令部及五团压制在鸡啼营至宝鸭山这一狭小地带，以达到其一举歼灭中共部队首脑机关的目的。虽然中共部队在这一带有深厚的群众基础，又有广阔的山区回旋余地，但敌我力量悬殊较大，且中共部队连日出击，劳师远征。为保存实力，司令部给五团两个任务：一是主要负责掩护司令部领导安全撤向夹水；二是争取歼灭敌人一部分有生力量。为此，司令部命令副团长贺金龙（即贺庆云）率领的山东连、陕西连及副区队长肖轩率领的短枪组迅速抢占鸡啼营后山和宝鸭山，并由贺金龙负责前沿阵地的指挥。

上午10时许，敌人主力从牛江渡沿着朝阳阁山脊行进，很快就抢占了3个山冈，并同由肖轩带领的短枪组和山东连一个机枪班组成的突击队接触。前沿阵地打响了，直接威胁着司令部后方的退路。这时，后方集中两挺机枪的强大火力进行掩护；突击队在肖轩的带领下，勇猛地进行冲击，很快就从敌人手里夺回了第一个山冈。紧接着，突击队在机枪班的配合下，越打越英勇果敢，不到20分钟的工夫，又从敌人手里夺回了第二个山头，把敌人压在最后一个小山冈上。在这同时，司令部陕西连连长带领两个排，从鸡啼营方向下山，准备从后方包围敌人，以配合肖轩的突击队，歼灭更多的敌人。可是，就在这时候，从沙湖方向来的一路敌人已到达，与吴正带领的队伍相遇。由于敌人封锁的火力过猛，吴正率领的队伍无法通过开阔地带，以对敌人进行包围。此时，山东连派出一个排，从宝鸭山后的田洞迂回包抄敌人。突击队在强大火力掩护下，不断猛攻敌人最后一个山冈，与敌人的主要阵地相距仅 40 米左右。由于隔着山尖，敌我的长短枪、机枪都不大起作用了。中共部队只好用手榴弹强攻，敌人也用手榴弹猛烈地还击。但敌人毕竟是胆小鬼，他们刚拉了导火索就把手榴弹扔过来，还未爆炸，肖轩就把手榴弹拾起来回击敌人，不偏不歪，正好在敌阵地机枪旁爆炸，把敌人的机枪炸哑了。敌人又投了一颗手榴弹过来，肖轩一看，手榴弹尚未爆炸，他没有躲开，因为在他周围有几位队员，如果手榴弹爆炸，就可能炸伤其他人。在那危急关头，他为了队员们的安全，同时想再利用敌人的手榴弹“回敬”敌人，便马上去拾起手榴弹。但是，他想扔出手榴弹时，手榴弹却被几根草缠着扔不出去。就在这时，手榴弹爆炸了。结果，肖轩的左手被炸断了，头部、脚部以及全身几乎无一处幸免，肖轩顿时变成一个血人。指挥部立即派出医护人员抢救。

此时，山东连等部已经顺利完成掩护司令部安全撤退的主要任务，在这种情况下，要更多地消灭敌人的有生力量是比较困难的，于是山东连等部便决定迅速撤出战斗。

这场战斗，敌人处心积虑地组织了上千人，企图一举消灭粤中部队的首脑机关和主力。但敌人的阴谋被广南军分委彻底粉碎了。

第七节　人民政权的建立

一、恩平县人民政府成立

1949 年 4 月 21 日，毛泽东、朱德发布《向全国进军的命令》。23 日，人民解放军占领国民党盘踞的南京，宣告蒋家王朝的覆灭。在恩平，各级党组织进一步健全，武装队伍迅速壮大，武装斗争风起云涌，国民党的反动统治已分崩离析，建立人民政权的条件已经成熟。1949 年 4 月 25 日，粤中临时区党委于 4 月 25 日批准成立恩平县人民政府，郑鼎诺任县长。5 月 1 日，庆祝大会在上凯岗村召开，庆祝恩平县人民政府的诞生，郁文中学部分师生也参加庆祝大会。同日，县政府向全县人民发出布告，并向国民党各区、乡公所发出“不准再执行国民党政府政令；不准对抗解放军、欺压群众；要保护公产、枪械，听候解放军接管，如有违者，决予严惩”的“通令”。同时，恩平县人民政府发布公告，成立三、四区人民政府，梁福生任三区区长，吴志强任四区区长。

二、动员群众参军参战

1949 年夏，中共恩平县委和县人民政府全面动员群众参军参战，全县掀起了参军参战热潮。5 月 15 日，朗底敌自卫中队被广阳支队和广东人民抗日解放军五团彻底摧毁后，朗底的群众踊跃参军，建立了朗底区队，赵德任队长，梁超任指导员。6 月 14

日，江海中学师生38人，在党支部书记梁棣、校长刘周屏（又名刘坚）的率领下，由广阳支队政治部主任吴枫和三区区委书记梁超接应，进入朗底游击区集体参军。接着，开平中学学生12人、长沙师范学校4人、恩平县立中学学生5人，在党组织的安排下先后离校赴朗底、上凯岗等游击区参军。其间，各区党组织也积极动员党员和群众参军参战，组成区队和武工队。至1949年9月，全县共有区队8个，人数约800人，有武工队或武工组35个，分布在各区的乡村，以机动灵活的形式开展武装斗争。在全面动员参军参战热潮中，一批久经考验的党员和群众，拿起武器，投入战斗，大大充实了武装部队的骨干力量，为迎接全县的解放做好了准备。

三、策动敌军起义

1948年12月30日，广阳支队司令员郑锦波在《粤中人民报》公开发表谈话，宣传“共产党除匪安民、欢迎地方绅士合作、劝蒋军反正”等政策，敦促国民党军政人员起义。1949年2月，广阳支队司令部向下属各团发出通知，提出对地方反动武装（除个别反动者外）开展政治攻势，实行以分化为主的方针。经过统战和策反工作，一批国民党武装头目纷纷起义投诚。1949年3月29日，那吉自卫中队分队长唐明生率二分队30多人携械起义，被编入那吉基干队，合编为那吉区队（代号启明星连）。10月21日，国民党大田自卫队队长吴文波率40多人，携机枪3挺、长短枪40余支起义；入城后，被改编。至恩平全境解放前夕，全县共计起义投诚自卫队5队、165人，带来掷弹筒1支、机枪4挺、步枪150支，进一步充实了中共部队的武器装备。

四、各级政权建立

1949年10月21日，广阳支队司令员兼政委郑锦波、副司令员杨子江在大田小学与南下大军胜利会师，当天下午4时率队进入恩城。10月22日早，恩平县人民政府县长、五团政委郑鼎诺率五团部队进城接管政权，宣布恩平全境解放，随即成立恩平县军事管制委员会（简称“县军管会”），郑鼎诺任主任（兼），委员有马平、李克平、吴志强、郑棠、沙浪、梁福生。随后，区、乡各级政权相继顺利地建立，各级政权履行人民政权的职能，发挥人民民主专政的作用，带领全县人民抚平战争的创伤，推动建设新恩平。从此，全县人民进入了新的历史时期。

第八节 支前工作

一、筹集物资与恩平县支前司令部成立

恩平的支前准备工作于1949年7月已开始。7月下旬，中共恩平县委接到中共中央华南分局《加紧准备迎接南下大军的工作指示》，立即做好支前准备工作，布置各地筹集了一批粮食、食油、食盐、柴草、马草等物资，以备南下大军到来补给。1949年10月23日，县支前司令部成立，各区分别成立支前工作站，中共恩平县委副书记李克平担任县支前司令部司令。同月，陈赓率领二野第四兵团南下，打响了“阳江战役”，围歼国民党余汉谋部残敌。县支前司令部火速再征集3万多担（约150万千克）粮食和大批马草运往阳江城，给南下大军补给。

二、对三大战役的支前工作[①]

1949年10月初，解放大军入粤，陈赓将军率军先后取得如下战役的胜利：1949年10月下旬，率第四兵团围歼余汉谋集团主力的“阳江战役”；1949年11月底至12月初，率四野及第四兵团围歼白崇禧集团的“粤桂边战役”；1950年4月间，率四野十五兵团和琼崖纵队配合的“解放海南岛”战役。恩平对上述三

---

① 参见恩平政协文史研究会编：《恩平文史》第24期，准印证号（粤J）Y0155006号。

大战役，从人力、物力等各方面都进行过大力支前，并受到大军和上级的好评。

（一）支援阳江战役

1949 年 10 月 17 日，陈赓根据毛泽东关于“广州逃敌方向不是向正西入广西，就是向西南入海南岛，四兵团应乘胜追击”的指示，并在获悉余汉谋集团主力已向阳江方面撤退，准备逃窜海南岛的情报后，立即命令该兵团十四军军长李成芳率领 6 个师分左中右三路由三水、高要向两阳急速推进，于 10 月 23 日在阳江县境内对余汉谋集团主力刘安琪的二十一兵团、方天的十三兵团和六十二军、三十九军等 6 个军进行包围。经两天的激烈战斗，共毙、溺敌 1 万余人，俘虏 3 万余人，把余汉谋集团的主力基本歼灭了。此役史称“阳江战役”。

阳江战役正在进行时，恩平根据粤中地委的指示要紧急支前；加上阳江战役的战场就在邻县，不少解放大军都经恩平开赴前线，恩平责无旁贷要大力紧急支前。五团进入恩城后，10 月 22 日，县支前司令部紧急部署区支前站，火速征集了数万担粮食，用货车、客车运往阳江城，支援大军进行阳江战役。此外，还从缴获的武器中，挑选了轻机枪 2 挺，几个掷弹筒，一批枪榴弹和六五步枪、10 支驳壳手枪移交大军，以供阳江战役使用。恩平为支阳江战役尽了一份力量。

（二）支援粤桂边战役

阳江战役结束后的第二天，陈赓部署围歼白崇禧集团的计划。1949 年 11 月上旬，四野十三兵团和十二兵团开始入桂，第四兵团和十五兵团一部也向粤桂边挺进。11 月中旬陈赓率领第四兵团团部由曲江、广州迁到开平县赤坎镇，靠前指挥。

粤桂边战役从 11 月 25 日开始打响，至 12 月 6 日结束，全歼白崇禧集团 167 900 人，取得完全胜利。

根据上级党委的指示精神，恩平于10月下旬从二、三、四、五4个区抽调500多名民夫，组成“恩平民夫队”，由县委副书记、支前司令李克平同志率领，从恩城出发，在粤桂边战役中抬伤员。恩平民夫队经阳江县的合山、江城程村、织篢和电白县的望夫镇抵达沙朗镇住下来，等待任务；其间受到当时在阳江县的中共粤中地委书记冯燊同志和中共阳江县委书记杨子江同志接见。冯燊在讲话中勉励恩平民夫队一定要完成为大军抬伤员的光荣任务，支援大军歼灭敌人，解放全中国。从恩平到电白沙朗200多公里，恩平民夫队只走了5天，每天平均走八九十里。队伍在阳江境内行进时，遇到敌机扫射，四区支前干部莫明被击中而光荣牺牲。这次支前工作表现特别好的同志被吸收入党，如五区吴能、郑业等。

（三）支援解放海南岛战役

粤桂边战役结束后，中央军委于1949年12月中旬发布了在1950年春夏之间解放海南岛的命令。参加解放海南岛的解放大军是十五兵团四十军和四十三军。渡海作战从3月初开始，至5月1日全岛解放。除乘舰船从海上逃走的一部分敌人外，大部分敌人被歼。

此役前，即1950年2月间，恩平在二区洪滘组织20多人和一批船只参加支援大军海练和渡海作战。其中洪滘船长陈诚驾驶的船运载解放军130人渡海作战。解放海南岛后，恩平有关人员于6月5日凯旋，在那扶召开庆祝会，支前有功人员受到表彰和慰劳。

第五章

砥砺奋进追梦　壮丽发展振兴

第一节 各时期的建设发展

一、国民经济恢复过渡时期的建设发展

1950—1952 年，土地改革、“清匪反霸”“减租”等工作在恩平农村有序开展，巩固了人民政权，初步调整了生产关系，有力地促进了工农业生产的恢复和发展。1952 年恩平县工农业总产值 3 501万元，比 1949 年的 2 891 万元增长 21. 1%，3 年间平均每年递增 6. 6%。“一五”计划时期（1953—1957 年），恩平贯彻中共中央颁布的关于党在过渡时期的总路线和总任务，在农村开展农业生产互相合作运动，在城镇开展手工业、资本主义工商业社会主义改造，推动生产力的解放和发展。这 5 年间，农民分到了土地，全县陆续兴建了一批大、中、小型山塘水库，逐年增加灌溉面积，水稻产量逐年提高。到 1957 年，恩平县水稻平均亩产 187. 5 公斤，总产近 0. 82 公斤，比 1953 年提高 14. 7%，加上杂粮 50 万公斤，达到自给自足并略有余。工业方面，由于电力缺乏，制约了工业的发展，仅以食品、冶金、服装、缝纫及建材等耗电较少的行业为主，工农业产值构成比例为 17. 4 ∶ 82. 6，人民消费水平逐年提高，加上每年有 60 多万美元侨汇收入，初步解决温饱。“一五”计划时期，社会商品零售总额比 1950 年增长 50%，工农业总产值 5 079 万元，比 1952 年增长 45. 1%，5 年平均年递增 7. 7%。同时，恩平县委、县政府采取一系列措施，促

进县域经济发展，增加地方财政收入，逐步改善财政状况。1957年，全县财政收入131.8万元（不含上级补助收入），其中税收100.5万元，占76.3%，税收收入对财政收入的贡献比1954年增加20.2%。“一五”计划期末，恩平财政收入（含上级补助收入）实现收支基本平衡，略有结余。

二、“大跃进”时期的农田水利建设

中华人民共和国成立前，恩平农田水利设施仅有简陋的36处小山塘，可灌溉农田3万多亩（约2 000公顷），占总耕地面积的7.3%。中华人民共和国成立后，特别是农业合作化以来，恩平县坚持每年组织开展冬修水利行动高潮，建设了一批水利工程。到1956年，全县已建成的水利设施的抗旱能力在30天至50天的有143 974亩（约9 598公顷），占耕地总面积的28%；抗旱能力在30天以下的有149 167亩（约9 944公顷），占29%；完全没有水利设施和邻近山区靠山水灌溉，抗旱能力很低的尚有22万亩（约14 666公顷），占43%。

“大跃进”时期，恩平县积极推进农田水利建设。1957年12月15日，中共恩平县一届二次（扩大）全会召开。全会通过《恩平县1958年到1967年十年农业建设规划》（草案），规划到1960年基本消灭旱灾，到1967年消灭大旱灾和水灾。全会要求各乡党委必须成为真正抓好水利的党委，下最大的决心，争取在两三年内把农田水利建设好。这次全会确定恩平兴修水利的方针是以大力兴修小型为主，中型为辅，并辅之以必要和可能的大型工程。根据全会通过的《规划》和确定的方针，1957年11月，位于横陂公社马山（地名）的马山水库（中型水库）率先动工建设，恩平县成立马山水库工程建设指挥部，组织近万名民工进场施工；至1958年3月，枢纽工程全面完成，发挥效益。

1957 年年底，广东省水利厅、佛山专区水电局联合开展潭江流域整治规划工作，作为潭江流域主要源头之一的恩平境内的锦江流域整治也摆上恩平县委的议事日程。恩平县水电局抽调 7 名工程技术人员与省水利厅、佛山专区水电局组成联合勘察小组开展锦江流域的勘察，从地形、地质、水文等方面进行实地勘察和技术论证，对治理锦江河流域做出规划，提出了“以蓄为主，小型为主，社办为主，实行大中小结合，点线结合，进一步控制水源，综合治理，综合利用”（后改为“上蓄下泄、沿江筑堤、梯级开发、综合治理、综合利用”）的整治方案。

1958 年 9 月 3 日，中共恩平县委作出《关于今冬明春大干水利，坚决跃过水利关的决定》，县委要求各地学习推广惠阳县沥林水利建设的经验，“以小型为主”，实行引水和蓄水相结合，挖掘和利用一切水库潜力，把天水、地水、河溪水充分利用起来。同月，恩平县水利总指挥部成立，由县委书记、县长、副县长分别担任正副总指挥，组织带领全县人民深入开展兴修水利的群众运动。到 1958 年年底，全县新建或修建的小型水利工程有 383 宗，其中竣工 277 宗；新建大中型水库有河排（后改称锦江）、西坑、良西、宝鸭仔等水库；竣工工程有江北水陂、马山水库。

1959 年 9 月至 11 月，全县（时为开平、恩平合县建制）有 8 万至 12 万多民工，奋战在四大水库（镇海、大沙河、西坑、狮山水库，西坑水库原属恩平辖区）工地。11 月下旬，12 万民工上工地，突击 5 天，完成土方 700 多万方，基本完成四大水库渠道建设任务。1960 年 2 月 7 日，四大水库开始放水灌溉农田，发挥工程效益。

“大跃进”时期，恩平建设（竣工或在建，下同）的大中型水库（包括开恩合县时期原恩平辖区的水库，下同）4 宗（其中大型 1 宗、中型 3 宗），总库容 61 803 万立方米，总灌溉面积

230 700亩（15 380公顷），建设小（一）型（总库容1 001万立方米以上，1 000万立方米以下）水库1宗，总库容567万立方米，灌溉面积3 600亩（240公顷）；建设小（二）型（总库容10万立方米以上，100万立方米以下）水库17宗，总库容705.8万立方米，总灌溉面积5 576亩（约371公顷）。到1960年，恩平县建成的农田水利工程，其灌溉面积已基本覆盖大部分耕地，提高了抗旱能力，改善了农业生产条件，促进农业生产的发展，为粮食生产实现稳产、高产打下坚实基础。1958—1960年，全县粮食总产稳定在0.85亿千克，其中稻谷总产量稳定在0.81亿千克左右，并呈稳定增产的趋势。到1961年，粮食总产达0.985亿千克，其中稻谷总产量0.935亿千克，分别比1960年增15.9%和15.43%。“大跃进”时期按照“上蓄下泄、沿江筑堤、梯级开发、综合治理、综合利用”的方针，逐年对锦江流域进行综合治理，其项目成果在全国科学技术大会上评为一等奖。

三、建设社会主义道路艰辛探索时期

从1956年9月党的八大到1966年“文化大革命”爆发前的10年，恩平同全国一样，是社会主义建设在探索中曲折发展的10年，恩平的经济建设和社会各项事业取得了很大成就，为后来进行现代化建设奠定了一定物质技术基础，培养了一批建设事业等方面的骨干力量和专门人才。这期间建设起来的水利、水电等基础设施，至今仍在国民经济和社会生活中发挥作用。10年间，恩平县经济总量大幅增加。1965年，恩平县工农业总产值7 003.27万元，比1956年（下同）增加1 967.93万元，增长72%，其中，工业总产值1 749.81万元，增加876.68万元，增长1倍多；农业总产值5 253.46万元，增加1091.25万元，增长26%，稻谷总产量1.115亿千克，增加0.305亿千克，增长38%。财政收入

532.5万元，增加461.7万元，增长6.52倍。其中，财税收入449.3万元，增加385.4万元，增长7倍多。基本建设投资131万元，增加101万元，增长3.37倍。其中，全民所有制基建投资97万元，增加68万元，增长2.34倍。城乡居民储蓄余额204万元，增加157万元，增长2.85倍，侨汇收入140.9万美元，增加81.4万美元，增长1.49倍。

“三大改造”后，恩平现代工业逐渐起步。1961年贯彻“调整、巩固、充实、提高”的八字方针，原有工业企业加快了恢复和发展步伐；同时，发挥本地资源丰富的优势，大力发展建材等资源型企业，先后兴办了金沙煤矿、石矿场、水泥厂、石灰厂、陶瓷厂、木器厂、农业机械厂、华侨细菌肥料厂、油厂、化肥厂、糖饼厂、氮肥厂等地方国营工业企业，以及一批手工业厂（社）和社队企业。全县形成电力、建材（水泥、石灰、砖瓦）、煤炭、化肥、印刷、制糖、食品（糖果、釀酒、饮料、豆类制品）、铁木农具、五金家具、日用陶瓷、纺织（服装加工）、白铁制品、文化用品、机械制造、衣车台板、阀门（水龙头）等工业门类，初步改变工业落后面貌，工业总产值占国民经济比重逐年上升。1956年工业与农业的比重为17.3∶82.7；1965年为25∶75。1965年，恩平县内工业企业生产的主要产品有电、原煤、水泥、硫酸、磷肥、石灰、熟石灰粉、轻质碳酸钙、白酒、酱料、糖果饼厂、铁木家具、家具以及交流发电机、交流电动机、电动脱粒机等。1965年，主要产品产量创历史最高水平，发电量224.57万度，生产原煤11 400吨，水泥10 468吨、磷肥1 438吨。县石灰厂“长城牌”熟石灰粉出口香港及东南亚等地，恩平工业产品出口实现零的突破。

四、“文化大革命”时期的经济建设

“文化大革命”时期，为了社会主义事业，全县各级党政干部和人民群众，顶住错误路线的干扰，坚守工作或生产岗位，执行“抓革命、促生产”方针，深入开展“工业学大庆、农业学大寨运动”，深入实施“三五”（1966—1970 年）、“四五”（1971—1975 年）计划，使恩平的国民经济总体有所发展。“四五”时期工农业总产值平均每年递增8. 2%，比“三五”时期高2. 7%。其中农业总产值年均递增4. 3%，工业总产值年均递增15. 2%。“文革”时期，为了备战备荒，县委紧抓粮食生产，大力发展生猪养殖，粮食获得增产，猪存栏量高。工业方面，县委大抓“五小工业”（小煤窑、小五金、小铁木农具、小化肥、小食品）和资源型水泥、石灰等工业，尤其是小化肥生产取得很大发展，工业总产值也有较大增长。1975 年，实现工业总产值（按 1970 年不变价）5 696. 75 万元，比 1966 年增长2. 29 倍，平均每年递增23%。工业总产值占工农业总产值的 42. 1%，比 1966 年的 23. 8%，提升了 18. 3%，工业与农业总产值比例严重失调的状况有所改善。但是“文革”期间运动过多，干部群众的思想比较混乱，工作生产时间得不到保障，一些必要的规章制度和劳动纪律被批为“管、卡、压”，严重地影响了生产和效益。此外，多种经营、全面发展被忽视，“以粮为纲”变成了“以粮唯一”，社员、群众的一些家庭副业被批为“走资本主义道路”，市场的工业产品、农副产品供应奇缺，造成人民群众生活的极大不便。

五、拨乱反正时期的建设发展

从 1976 年 10 月粉碎“四人帮”到 1978 年 12 月党的十一届三中全会召开前的拨乱反正时期，恩平的经济在徘徊中发展。

1977 年，恩平县委提出“围绕农业办工业，办好工业为农业”的方针，全年组织了“钾肥基建大会战”“井冈霉素基建大会战”“抗旱设备大会战”和“抢运支农物资大会战”等四大会战。钾肥大会战经过 200 多天的奋战，县化工厂扩建年产一万吨的钾肥车间，县磷肥厂新建 2.5 万吨钾钙肥车间，县水泥厂新增设回收窑灰钾装置等项目相继竣工投产，恩平的化肥生产实现了氮、磷、钾三肥配套的目标，为支援农业生产立了新功。

同时，围绕农业办工业的方针促进了工业生产的发展。1978 年，全县完成工业总产值 6 606.24 万元，同比增长 23.4%，县属国营工业实现扭亏增盈，由 1977 年亏损 19.82 万元，到 1978 年实现利润 238.02 万元，集体所有制工业企业实现利润 553.76 万元，同比增长 91%。农业生产方面，大力推广冬种小麦，实行“麦、稻、稻”改制。1978 年，全县冬种小麦 16.9 万亩（11 266 公顷），平均亩产 74.5 千克，弥补了当年水稻因灾减产的损失，农村居民口粮保持月均 17.5 千克水平。1978 年 8 月，县委决定开放农村贸易市场，允许计划外粮油糖上市，恢复了各圩镇的圩期，城乡贸易市场出现购销两旺的势头，财政收入完成情况良好。1978 年，恩平县财政收入 1 021.4 万元，同比增长 26.3%，创历史新高，实现收支平衡，略有结余。

六、改革开放时期的建设发展

（一）经济总量跨越发展

1978 年后，改革开放的春风吹遍恩州大地，恩平经济得到持续高速发展，经济总量大幅增长。恩平县（市）生产总值（GDP）由 1978 年 1.29 亿元，增加至 2017 年 181.11 亿元，年均增长 13.5%，社会生产力快速提高，按常住人口计算，人均 GDP 由 1978 年的 357 元提高到 2017 年的 35 960 元，按可比价格计算，年均增长 12.4%。按美元计算，2017 年户籍人口和常住人口人均 GDP 分别为 5 401 美元和 5 326 美元，均超过 5 000 美元，达到中等收入国家水平，经济社会发展进入了一个新阶段。经过 70 年的壮丽发展，恩平市财政实力明显增强，财政总收入由 1978 年 1 021万元增加到 2017 年的 33 304 万元，年均增长 16%。2017 年，恩平市财政一般公共预算收入 105 083 万元。金融规模不断扩大，金融机构人民币各项存款余额由 1978 年末 1.02 亿元增加到 2017 年末 247.75 亿元，年均增长 22.1%。2017 年末，各项贷款余额 85.82 亿元。

（二）产业结构不断优化

改革开放以来，恩平市经历三次产业协调发展，产业结构不断优化。三大产业的比重，由 1978 年的“一三二”结构调整为 1983 年的“三一二”结构。1983 年第三产业比重为 34.5%，首次超过第一产业；1988 年第二产业比重为 35.8%，首次超过第一产业；1992 年经济结构呈现“三二一”形态。党的十八大后，恩平第三产业比重基本呈现逐年提升态势，成为恩平经济举足轻重的组成部分和推动力量；2017 年第三产业占 58.2%，较 2000 年提高 15%，产业结构持续优化。

恩平市农业规模平稳发展，第一产业增加值由 1978 年的 5 024万元增加到 2017 年的 187 775 万元，按当年的价格计算，年均增长 9.7%。主要农产品变化明显，粮食总产量由 1978 年的 15.01 万吨调整到 2017 年的 13.34 万吨；稻谷产量由 1978 年的 13.58 万吨调整到 2017 年的 12.81 万吨；年末生猪存栏量由 1978 年的 21.90 万头调整到 2017 年的 17.87 万头；耕牛存栏量由 1978 年的 2.98 万头调整到 2017 年的 0.44 万头；水产品产量由 1978 年的 947.25 吨增加到 2017 年的 4.59 万吨。党的十八大以来，恩平市以建设现代农业强市为目标，扎实开展各项“三农”工作，着力推进农业供给侧结构性改革，促农业增效、农民增收和新农村建设，积极发展新型农业主体。至2017年，全市共有县级以上重点龙头企业16家、示范性家庭农场11家、农民专业合作社223家；有国家地理标志产品1个、广东省名特优新农产品公用品牌13个、专用品牌2个、广东省名牌产品2个、广东省菜篮子基地4个、“广东好大米”品牌1个，无公害农产品、绿色食品和有机食品18个。

工业经济发展迅猛，转型升级发展成效显著。全市工业总产值由1978年的0.81亿元增加到2017年的225.34亿元，按当年价格计算，年均增长15.5%。工业经济效益不断改善，2017年，全市规模以上工业企业利税总额为5.21亿元，其中利润总额为2.09亿元。工业经济结构不断优化，规模以上轻重工业总产值比重由1978年的39.8∶60.2调整为2017年的29∶71。进入21世纪后，恩平工业转型进展明显，工业领域在发挥水泥、建筑陶瓷、纺织服装、化工、麦克风及电声器材等传统优势产业的同时，积极发展战略性新兴产业、高新技术产业和信息产业。2017年，先进制造业增加值为9.09亿元，占规模以上工业增加值的27.4%；高技术产业增加值3.36亿元，占规模以上工业企业增加值的10.1%。

改革开放以来，恩平市服务业抓住历史机遇，立足本地产业特色，在传统产业蓬勃发展的同时，新兴服务业的培育和发展呈现良好势头。第三产业增加值由1978年的4 023万元增加到2017年的105.44亿元，按当年价格计算，年均增长15.3%，第三产业增加值占GDP比重由1978年的31.2%增加到2017年的58.2%，提高了27%。长期以来，恩平市主要依靠农业、工业为主，带动经济增长的局面正在逐步改变，以第二产业、第三产业为主，共同带动经济增长的新格局已经形成。2017年第三产业增长对GDP

增长的贡献率达53.4%。

恩平市在新兴服务业培育和发展方面呈现良好势头。2017年，全市信息传输、软件和信息技术服务业、租赁和商务服务业、文化体育娱乐和旅游业等营利性服务业增加值为14.2亿元，总量较2005年增长5.3倍，现价年均增长14.9%，高于同期第三产业增加值现价年均增速1.9个百分点，涌现出泉林旅游、华誉货运、明华物业等龙头企业。

（三）外联内通 交通基础设施建设飞跃发展

恩平原来交通十分落后。民国前，公路全无，至民国三十八年（1949年），全县开通公路总里程71千米。中华人民共和国成立后，公路建设步伐加快，至1978年，全县公路总里程545千米。2003年9月，沈海高速公路开阳段建成通车，恩平高速公路实现零的突破。2018年7月1日，江湛高铁建成通车，恩平站同步投入使用，结束了恩平不通铁路的历史。恩平市是江湛高铁沿线唯一分别设立客运、货运站的县级市，拉近了恩平市与珠三角核心城市的距离，使恩平市承接广佛莞深等大城市产业转移，使国内外优质企业落户恩平更加便利。

经过多年建设，恩平市现有公路通车总里程达到1 605千米，其中高速公路51千米，等级公路937千米，相当于1978年公路里程的3倍多。高恩、中开和开春高速公路以及开阳高速改扩建工程恩平段，正在紧张施工中。珠海、斗门至恩平高速公路前期工作扎实推进，恩平实现港珠澳高速直通指日可待。农村公路实现提档升级，全市现有6条县道，合计101.55千米，全部达三级或以上技术等级，通往全市行政村公路全部实现硬底化，所有行政村“村村通班车”的窄路拓宽工程全部完成。水运方面，实施那扶河及镇海湾出海航道整治，整治里程44.5千米，航道通行能力大幅度提升，恩平港年吞吐量达300万吨，恩平交通综合体系进一步完善，全方位推进临港经济和物流高质量发展。

（四）从戴上广东经济欠发达县（市）“帽子”到荣获多项“国字号”名片

百年前，恩平人冯如成功研制并试飞了中国的第一架飞机，翻开了中国航空史第一页，冯如被称为“中国航空之父”。但恩平经济发展滞后，被戴上广东经济欠发达县（市）“帽子”。百年后，特别是改革开放和党的十八大以来，恩平人秉承自强不息、敢为人先的“冯如精神”，砥砺奋进，全力推进经济建设，创建多项国家级基地，荣获多项“国字号”名片。一个个基地，一张张名片，代表一项项经济建设和社会发展的新成就。

人文历史名片：中国航空之父冯如故里、中国航空第一乡。

资源开发利用名片：中国小水电之乡、中国水泥之乡、中国首个温泉之乡、全国唯一国家地热地质公园。

工业经济建设发展名片：中国麦克风行业产业基地、中国麦克风产品出口基地、中国纳米碳酸钙产业基地、中国演艺装备产业基地。

农业经济建设发展名片：全国农技推广示范优秀县、蓝海农业航空育种示范基地、国家级万亩粮食高产示范片建设市、全国粮食生产先进县、国家农业部热作标准生产示范园、全国农田保护先进单位、中国首个航空育种院士工作站、全国农民专业合作社示范社、创建国家农业可持续发展试验示范区暨农业绿色发展试点先行区。

科技发展名片：全国科技进步考核先进县（市）、全国巾帼现代农业科技示范基地、中国航空科普教育江门基地、全国青少年宇航技师江门培训基地。

社会事业发展名片：全国义务教育基本均衡县、全国法治县（市、区）创建活动先进县、全国“一事一议”规范管理县

（市）、全国电子商务百佳县、中国青年电商创业基地。

七、“三大经济”发展

大力发展园区经济、旅游经济和城市经济（简称“三大经济”），是恩平加快经济发展步伐的重要抓手之一。江门产业转移工业园恩平园区（简称“恩平工业园区”）的建立与发展，恩平园区经济异军突起。恩平工业园区位于恩平市中心城区东南部，前身是1999年6月成立的恩平市外资民资投资服务中心，2009年6月，经广东省政府批准，恩平工业园认定为省级示范性产业转移工业园。该园规划总面积889.11公顷（90平方公里），其中，产业转移中心区6 224亩（414.94公顷），产业集聚发展区7 112亩（474.13公顷）。产业集聚发展区分为周边片区、大槐片区、东成片区和圣堂片区。产业转移中心区分为电子信息、机械制造和生活行政服务三个功能区，产业定位为电子信息、机械制造产业、小家电、新材料和新能源等新兴产业。至2017年，恩平工业园区共引进项目150多项，投资总额150多亿元，初步形成先进电子信息、演艺装备和机械制造的产业的发展格局。继获“中国麦克风行业产业基地”称号后，恩平工业园扎实推进电声器材产业转移升级，2017年，被中国演艺设备技术协会定为“中国演艺装备产业基地”。园区发展势头向好，主要经济指标稳步增长。2017年，实现公共财政收入6 220万元，同比（下同）增长21.2%，规模以上工业增加值8.16亿元，增长14.1%，固定资产投资41.05亿元，增长13.9%，外贸进出口总额12.73亿元，增长5.5%。

恩平市实施全域旅游，充分发挥温泉、生态和人文资源优势，打造区域旅游品牌，以乡村旅游为突破，推进全域旅游，大力发展旅游经济，旅游产业呈现出发展加快、效益提升、后劲增强的良好态势。2017 年年末全市有旅行社 4 家，全年共接待中外游客 629. 7 万人次，较上年增长 15. 8%。其中，国内旅游人数由 2000 年的 100. 9 万人次增加到 2017 年的 595. 5 万人次；国际旅游人数由 2000 年的 5. 7 万人次增加到 2017 年的 43. 2 万人次；旅游产业链总收入 38. 78 亿元，比上年增加 20. 4%。在第七届广东省县（市）域旅游综合竞争力评价研究（2016—2017 年度）中，恩平市荣获“旅游创新发展十强县（市）”称号。

城市经济持续稳步发展。进入“互联网 +”时代，电子商务新业态为恩平城市经济发展提供了新动能。2014 年、2015 年，恩平获得“全国电子商务百佳县”称号；2015 年—2017 年，连续三年获“广东大众电商创业十佳县”称号。房地产开发产业持续兴旺，2017 年房地产开发投资 20. 48 亿元，同比增长 10%，侨星国际大厦、锦江国际新城、金沙时代广场、御景珑湾等大型城市综合体相继建成，商业配套设施不断完善，促进社会消费。2017 年，全社会消费品零售总额 97. 76 亿元，增长 10%；房地产新开工面积 92. 51 万平方米，增长 20. 7%，商品房销售产值 36. 7 亿元，增长 33. 2%。

八、实施乡村振兴战略

实施乡村振兴战略，是以习近平总书记为核心的党中央作出的重大决策部署。恩平市委、市政府把实施乡村振兴战略作一项政治任务来抓，按照“产业兴旺、生态宜居、乡风文明、治理有效、生活富裕”的要求，积极谋划和实施乡村振兴战略，成立了以市委书记为组长，市委副书记、市长为常务副组长的乡村振兴工作领导小组，制订了《恩平市开展“三清三拆三整治”农村环境整治工作方案》《恩平市开展“三清三拆三整顿”农村环境整治专项资金使用办法》等相关文件，并压实各级主体责任，齐抓共管，全域推进。

推进乡村振兴战略，坚持规划先行，科学引领，并充分调动村民参与的积极性。圣堂镇提出“共谋、共建、共治、共享”的“四共”工作理念，让村委会（行政村）以传统的决策者、包办者转变为引导者、辅导者和激励者，将当地党员干部和群众拧成一股绳，形成全民参与村子建设的良好局面。该镇的水塘村，仅用短短一年时间便实现美丽蜕变，成为市乡村振兴的示范村。

实施乡村振兴战略，不仅让农村美起来，更要让农业强起来，农民富起来。为此，市委、市政府以及镇、村将实施乡村振兴战略与精准扶贫、推进农业现代化等“三农”工作结合起来，统筹推进，成效显著。横陂镇蓝田村委会，是一个贫困偏远的行政村，为改变当地贫困落后的面貌，该镇积极探索“基地 + 公司 + 贫困户”的产业扶贫模式，于2016 年成立蓝田青蟹扶贫养殖基地。该基地能够同时养殖青蟹 1. 2 万只，每月可产出青蟹 1 万多只，年产值达 800 多万元。2016 年以来，该基地已帮助 53 户 162 人脱贫。与此同时，全市各镇积极发展“一村一品、一镇一业”项目，立足本地特色，将当地的人文历史、地域美食和农特品结合起来，通过“农业 + 文化 + 旅游”的发展模式，拓展乡村旅游市场，促进现代农业和特色旅游融合发展。

第二节 革命老区扶持与建设发展

一、革命老区全面实现“四通”告别“三难”

至2000年，经过各级党委、政府和恩平市老促会的大力扶持、促进，除个别边远、分散村庄外，恩平市老区自然村基本实现“四通”（通邮、通电、通电话、通电视），70%以上老区村庄旧貌换新颜。2001年后，恩平市委、市政府对革命老区实施“高看一眼，厚爱三分，同等优先”政策，在地方财政较为困难的情况下，进一步加大对革命老区的扶持力度，重点帮助老区进一步搞好基础设施建设和开发性生产。在各方的帮助、扶持下，老区人民发扬艰苦奋斗、自力更生精神、砥砺奋进，建设了一批水泥硬底化乡道、村道，兴建了水塔、铺设了自来水管道，建起了一批新校舍，推进革命老区的民生事业发展。至2017年，恩平市革命老区人民全面告别出行难、饮水难、读书难等民生问题。

恩平市实施边远、分散的革命老区村庄搬迁，促进老区人民与平原地区人民融合发展。2004年，大田镇炉塘行政村和那吉镇沙河行政村有25条边远、分散、距行政村7千米以上的村庄，在广东省、江门市和恩平市三级政府的支持下，实施搬迁。20世纪70年代兴建河排（锦江）水库，地处库区的40多条老区自然村6 000多人口实施水库移民，在平原或丘陵地区安家。恩城街道辖下的桄榔村，是库区一条老区水库移民村，该村在政府和水库移民主管部门以及恩平市老促会的扶持下，村民群众自力更生，合力创建文明村，先后被评为广东省文明村、卫生村以及科普、宜居示范村。

老区修桥筑路，改善了老区的交通环境。至 2017 年，在政府和交通部门的大力扶持下，恩平革命老区共兴建水泥硬底化乡道 130 多公里，兴建公路桥梁 24 座，老区群众告别了行路难问题。恩平着力推进“村村通”自来水工程，通过打水井、建水塔、安装自来水管等措施，解决老区群众饮水难问题。至 2017 年，全市已有 80 条老区自然村、4 000 多户、3 万多人口饮上清洁、安全自来水。2002 年以来，全市革命老区教育投入资金 1 800 多万元，新建了校楼 38 间，维修加固校舍 10 间，总建筑面积 25 951 平方米，入读学生 14 285 人，受益群众 112 600 人。恩平市老促会连续 23 年向 400 多人（次）革命烈士后裔发放助学金，助力贫困革命烈士后裔子女完成从小学到大学的学业，推进革命老区教育事业的发展。

恩平市革命老区建设促进会自 1992 年成立以来，为促进全市革命老区建设做了大量卓有成效的工作，为老区建设发展作出了积极贡献；获得中国老促会授予的“革命老区减贫贡献”奖，以及广东省老促会授予的“烈士后裔助学先进单位”等荣誉。

二、老区镇（村）的建设发展

（一）恩城街道

恩城是恩平市中心城区，市委、市人民政府驻地，全市政治、经济、文化和交通中心。2001 年改称恩城街道，2004 年、2008 年江南街道、平石街道相继拼入，辖区总面积 162.5 平方千米。至 2017 年，恩城户籍总人口 28.86 万人。恩城是个古老的县城，始建于明成化时期（约公元 1466 年），至今已有 550 多年历史。

民国时期，恩城城区面积仅为2.8平方千米。中华人民共和国成立后，恩城规划建设步伐加快，至20世纪80年代初，城区面积已扩大到5.4平方千米。改革开放以来，尤其是党的十八大以来，恩平市委、市政府树立经营城市理念，依托“一河四山”（锦江河，鳌峰山、大松岭山、大人山和泉林虎山），构建中心城区的环境框架，进一步完善中心城区总体规划，推动中心城区扩容提质，打造粤港澳大湾区生态之城。

恩城公园城市建设成效显著。重点升级改造鳌峰公园，公园内湖光山色相映成趣、花木争荣、风景如画。沿锦江河，依托河滩地势和两岸自然风光，布局建设的西门湿地公园、锦江公园、滨江公园，犹如镶嵌在锦江河畔的三颗明珠，锦江河两岸处处流露着灵动之美。恩城城区已建成的公园有鳌峰公园、中山公园、古塔公园、锦江公园、西门湿地公园以及飞马广场、冯如广场、小岛文化广场、劳动广场等17个公园、广场，城区绿化覆盖率42.01%。

大力推进产业融城，配套强城，人口聚城，文化优城，力促中心城区与工业园区“双轮驱动”，经济与城市融合发展，市民与文化共同提升，打造城市经济发展新格局。锦绣香江、碧桂园、锦江国际新城、锦绣嘉园、中澳豪庭、江南富湾、金沙时代广场、御景湾等城市综合体拔地而起，工业园的与中心城区构建了多条通道联网对接，并开通了公交线路，恩平的城市品位和活力明显提升。

恩城由一座城区面积仅2.8平方千米的小县城，经过70年的壮丽建设发展，已成为面积达40平方千米、山清水秀、蓝天白云、森林公园、湿地公园、滨江公园、特色公园、街道花园、社区花园星罗棋布，宜居、宜业、宜游的现代化的美丽都市。

（二）沙湖镇

沙湖镇位于恩平市东北部，北边和东边与开平市的大沙镇、马岗镇、塘口镇、百合镇接壤，辖区总面积164.86平方千米，全镇辖21个行政村，1个居委会（社区），234条自然村，2017年年末户籍总人口6.1万人，旅外华侨（华人）、港澳台同胞5.3万人，分布于56个国家和地区。沙湖镇是解放战争时期的革命根据地，1949年5月1日，恩平县人民政府在该镇的上凯岗村宣布成立。中华人民共和国成立后，沙湖镇被评定为革命老区镇，上凯等17个行政村评为老区行政村，有120条自然村评为革命老区村。

沙湖镇是恩平市的农业大镇，年均水稻种植面积6 666.67公顷，年均总产量3.35万吨，历史上盛产大米，素有"沙湖米"之称。改革开放后，全镇种植优质水稻占水稻面积80%以上，通过精选加工，包装销售，进一步提升了"沙湖米"的品牌价值。2017年，沙湖丰穗象牙香米荣获"广东好大米"十大品牌，沙湖镇获特色水稻产区称号；沙湖合源米厂加工的大米获由广东省农业厅和云浮市人民政府主办的罗定稻米节金奖。20世纪80年代后，沙湖镇围绕农业增效、农民增收的目标，大力调整农业产业结构，发展"三高"（高产、高质、高效益）农业，利用水田改种、改养153.33公顷，利用旱地改种280公顷；创办"三高"农业基地18个，面积1 246.67公顷。恩平创办以龙门挂绿荔枝为主的优质水果基地213.33公顷，龙门挂绿荔枝（引进增城挂绿荔枝品种）被评为广东省名优水果金奖，成为沙湖又一特色农业品牌。2001年，引进民资开办的基龙实业公司，在南闸行政村辖区开发山地1万多亩，经营良种家禽养殖、水产养殖及种植速生林等综合开发，采取"公司+基地+农户"模式运作，带动周边农户搞种养，成为广东省重点农业龙头企业，也是粤西地区最大的肉鸡出口基地，基龙凤山鸡被评为广东省名牌产品，获得广东省“十大品牌”系列农产品称号。

改革开放以来，沙湖镇发挥侨乡优势，大力招商引资，利用外资民资兴办纺织、陶瓷、五金制造等工业企业，促进实体经济发展。2000 年，沙湖外资民资经济开发区成立；2009 年 12 月，获广东省政府批准列入广东省建材工业调整和振兴规划 13 个重点项目之一；2001 年，被广东省经信委列为广东陶瓷转型升级四个基地之一，改称沙湖新型建材工业城（基地）。至 2016 年，该工业城已开发面积 6 500 亩，有 15 家大型陶瓷企业落户，计划总投资 100 亿元，已建成陶瓷生产线 79 条，是广东省重点陶瓷产业集聚区之一。党的十八大以来，沙湖镇围绕“工业强镇、农业稳镇、商业旺镇”战略定位，推进经济社会平稳健康发展。2017 年，沙湖镇实现地方公共财政收入 9 003. 36 万元，同比（下同）7. 09%，完成国内生产总值 26. 98 亿元，增长 8. 44%，规模以上工业增加值 11. 52 他元，增长 12. 9%。至 2017 年，沙湖镇拥有全国文明村 2 条、省级文明村 5 条、江门市文明村 18 条、恩平市文明村 26 条。沙湖镇先后被评为全国村镇建设先进镇、全国小城镇建设试点镇、珠江三角洲工业卫星镇、广东省文明镇、江门市文明镇、江门市宜居乡镇、江门市十大特色镇。

（三）大田镇

革命老区大田镇，位于恩平市西部，辖区总面积 202. 36 平方千米，辖 10 个行政村、2 个社区、155 条自然村。2017 年年末有户籍人口 31 969 人。境内四面环山，中部平原，是一片肥沃的冲积盆地，资源丰富。中华人民共和国成立前，大田属于穷乡僻壤，在抗日战争和解放战争时期，大田人民在党的领导下，积极支持和配合党的武装组织，打击和消灭日本侵略者和国民党反动派，为夺取抗日战争和解放战争的胜利作出重大贡献。中华人民共和国成立后，大田镇被评为革命老区镇，有10个行政村评为老区行政村，有12条自然村评为抗日战争时期革命根据地，有51条自然村评为解放战争时期革命根据地。70年来，大田蝶变，从昔日穷乡僻壤，变为今日的广东休闲农业与乡村旅游示范镇、广东省森林小镇和广东省卫生镇。

壮丽70年，大田镇充分利用水资源，大力发展小水电，已建成的大小水电站星罗棋布。至2017年，大田境内已建成大中小型水力发电站13座，总装机容量209万千瓦。其中20世纪70年代建成的河排（现称锦江）水库，是全省十大水库之一，最大库容4.18亿立方米，可灌溉80万亩农田，兼顾发电，装机容量1.95万千瓦。

充分发挥温泉资源、生态资源和人文红色资源的优势，大田镇旅游业异军突起。境内拥有恩平新八景之一的“玉带天池”“河排贮绿”“石山铭古”等景点和锦江温泉、岑洞峡谷漂流、山泉湾温泉和凤凰生态乐园等旅游景区。近年来，大田镇又大力发展休闲农业和乡村旅游以及红色旅游，将广东人民抗日解放军驻地旧址（朗底励英学校）、镬盖山六壮士战斗遗址打造成为红色旅游景区和江门市党员教育基地。大田镇的旅游景点年接待游客达70万人次。通过合作社+基地+贫困户的模式，大力发展白菜心、茨菇、优质水稻和百香果等旅游特色农产品，满足人民生活和旅游业的发展需求。

集旅游、观光、红色教育、餐饮、休闲于一体的旅游产业，成为大田镇的主要经济支柱。2013年以来，大田镇积极推进森林小镇创建工作，先后建成江北公园、体育综合公园、鲤鱼洞生态公园、朗北塘背古村村落、茶山坑森林公园和森林小镇湿地公园。2016年，大田镇成功创建“广东省休闲农业和乡村旅游示范镇”、江门市首个“乡村旅游示范镇”；2017年，成功创建“广东省森林小镇”；2018 年，入选第一批“全国最美森林小镇100 例”，被评为生态旅游型“森林小镇”。

（四）牛江镇

牛江镇位于恩平市东北部，与沙湖镇、圣堂镇、良西、君堂镇相邻，西北部与开平市大沙镇接壤，辖区总面积 91 平方千米。2017 年年末户籍总人口 24 412 人，旅居港澳的同胞和海外华侨（华人）3 万多人，下辖 12 个行政村、1 个居委会（社区）、83 条自然村。牛江镇是解放战争时期的革命根据地，中国共产党恩平县委旧址坐落于牛江镇东边朗村。1938 年，中共西南特委副书记冯燊在东边朗村郑锦波（时任西南特委秘书）住所宣布成立中共恩平县工作委员会。中华人民共和国成立后，牛江镇被评定为革命老区镇，有 10 个行政村被评为老区行政村，有 54 条自然村评为老区自然村。

牛江镇传统经济是农业经济，地处丘陵地带，地质为冲积土，适宜发展种养业，东南部地势平坦，成天然盆地，土地肥沃，农田自然灌溉，旱涝保收，是恩平市粮食稳产高产镇之一。改革开放以来，牛江镇充分发挥侨乡优势和资源优势，利用外资、民资兴办了一批工业企业。其中江鸿企业集团公司被列入 1993 年全国 100 家最大皮革及其制品企业之一，被定为广东省中型三级企业。党的十八大以来，牛江镇实行现有企业增资扩产和异地招商“两手抓”，先后引入威发高科、江门新大华、广东锦绣新材料、汇荣纺织、泰北特包装材料等项目，投资总额4. 63 亿元，实际利用外资 1 593 万美元，实际利用民资 6. 8 亿元。

改革开放以来，尤其是党的十八大来，牛江镇的农业经济发展步伐加快，品牌农业优势明显，成功创建了国家级万亩水稻示范基地和国家级万亩马铃薯示范基地。近年来，牛江镇大力发展优质水稻和马铃薯两大特色农产品，全镇每年冬种马铃薯 1 万亩以上，年总产量达10.5万吨，水稻年总产量5.5万吨。2015年，牛江濑粉（米制品）被评为广东省名特优新农产品；2016年、2018年、2019牛江镇先后被评为或授予“全国‘一村一品’示范镇”，“广东富民兴村示范镇”和“富硒小镇”称号。此外，牛江镇利用中国航空之父冯如故里等人文资源、中共恩平县委旧址（郑锦波故居）等红色资源以及古村落、华侨文化资源，着力发展特色旅游，打造特色文化旅游品牌，全力建设“悠美牛江”。

（五）君堂镇

君堂镇位于恩平东北部，毗邻开平市百合镇，辖区面积102.13平方千米，2017年年末户籍人口4.8万人，旅居港澳和海外的侨胞5.3万多人，全镇辖18个行政村、2个居委会（社区）、214条自然村。君堂镇是抗日战争、解放战争时期的革命根据地，为抗日战争胜利，为中国人民解放事业作出了积极贡献。中华人民共和国成立后，君堂镇被评为革命老区镇，有10个行政村评为老区行政村，有111条自然村被评为老区自然村。

改革开放以来，君堂镇经济得到较快发展，工业和农业总产值、群众生活水平不断提高。但前几年受大气候影响，镇内多家规模以上企业关停，经济发展步伐放缓。面对困境，君堂镇调整发展思路，加大招商引资力度，培育新经济增长点，经济呈现出持续增长的良好势头。2017—2018年，该镇整合盘活全镇低效厂房、土地，利用依威制衣厂现有厂房，引入粽源食品有限公司项目；盘活利得丰闲置厂房，引入总投资达3亿元的盈进染织有限公司项目，促进波顿纺织闲置厂房转让和交易工作，引入工业项目；此外，着力发展房地产业。2017年，该镇实现财政收入1 437万元，同比增长7.4%；规模以上工业增加值6 099.2万元，增长14.8%；固定资产投资48 421万元，增长15.6%，外贸进出口总值5 300万元，增长4.5%。君堂镇积极贯彻实施乡村振兴战略，累计投入帮扶资金1 230.43万元，帮助东北雁、潢步头、中安等省级重点贫困村实现脱贫目标，成功引入产业扶贫基地项目，年内51户贫困户实现脱贫目标。垃圾收集清运硬件设施进一步完善，实现农村生活垃圾收集清运全覆盖。投入500多万元，新建黎塘碉楼文化广场。村庄整治工作成效显著，简头坪、水寨村、新屋中村等被评为恩平市名村示范村，堡城、东北雁等6个行政村获江门生态环保村称号，黎塘大安村等12条自然村通过广东省卫生村验收，潢步头、鹅江村等8条自然村成功通过江门市卫生村验收，堡城行政村荣获“全国创建无邪教示范村”称号。

（六）良西镇

良西镇位于恩平市西北部，辖区面积121.752平方千米，辖下8个行政村、119条自然村，2017年年末户籍总人口23 000人。良西镇是解放战争时期的革命根据地。中华人民共和国成立后，良西镇被评定为革命老区镇，有7个行政村被评定为革命老区行政村，有86条自然村被评为老区自然村。改革开放以来，特别是党的十八大以来，良西镇充分利用自身区位优势和恩平市委、市政府将良西打造温泉休闲小镇的发展定位，依托独有的温泉资源和悠久的温泉文化，利用镇内丰富的农业旅游资源，引进康养休闲、现代化服务业等项目，以“温泉+”产业做好温泉休闲文章，形成集聚发展优势，注重多元融合，实现温泉产品差异化发展，大力构建温泉旅游体系，全力打造温泉休闲小镇，建设宜居宜业宜游的幸福新良西。

党的十八大以来，良西镇重点抓好辖区内恒大泉都、佳源帝都温泉、花海世界、绿野仙踪、幸福田园等旅游大项目建设。着力盘活圩镇周边闲置土地，推动恒大泉都与圩镇融合发展，打造连片商贸发展区，形成新的发展中心，加快推进温泉休闲生态旅游经济新发展。2016年，良西镇被评为“江门市乡村旅游示范镇”。

省道369线和Y577牛良线两旁的潮人径、农家乐、古树茶花、名贵沉香、田园风光、奇石根雕、幸福村居、二十四坑风景区、良西水库风景区等一批乡村精品游项目已初具规模。一业兴、百业旺，良西镇级经济得以加快发展。2017年，良西镇镇级公共财政预算收入6 110万元，同比增长9.3%，固定资产投资111 129万元，同比增长36.8%，社会消费品零售总额4 875万元，同比增长35.8%。

（七）横陂镇

横陂镇位于恩平市南部，地处恩平、台山、阳江三市交界，辖区面积200.1平方千米，辖19个行政村、2个圩填社区、180条自然村。2017年年末户籍人口4.1万人，濒临南海，海岸线长21.2千米，是恩平市唯一的沿海镇，是解放战争时期的革命根据地。中华人民共和国成立后，横陂镇评定为革命老区镇，有16个行政村评为老区行政村，有45条自然村评为老区自然村。

横陂镇的传统经济是农业经济。改革开放以来，横陂镇调整农业结构，按“一村一品”格局发展“三高”农业，南华村的红江橙、白庙村的荔枝、龙眼，横东村的西洋菜先后成为全镇、全市“三高”农业亮点。2002年起，甘围村的沙姜种植成规模发展。2004年，全镇水稻面积与经济作物面积比例为62∶38，经济作物发展步伐加快，水果种植面积5 935亩（约395.66公顷），瓜菜种植4 765亩（约317.66公顷），该镇成为恩平市的主要水果和瓜菜生产基地。该镇沿海村民“近海吃海”，利用沿海滩涂、咸围大力发展虾、蟹、蚝等优质海鲜养殖。至2017年，全镇海水养殖面积1.9万亩（约1 266.66公顷），总产量4.9万吨，总产值6.37亿元。沿海各行政村通过发包咸围和蚝滩，增加收入，壮大集体经济，许多农民因经营咸围、蚝滩也富裕起来。横陂镇利用石灰石储量丰富的资源优势，大力开发以石灰石为主要原料的工业产品，促进工业经济的发展。2007 年创办的临港新型建材产业园，至 2017 年已开发面积 3 000 多亩（200 公顷），以点状集聚发展的模式，引进规模以上建材企业，已投入资金超 30 亿元，初具发展规模。其中，华新水泥（恩平）有限公司建成珠三角地区首条新型干法旋窑水泥生产线，设计生产能力日产熟料 4 000 吨，年产水泥 200 万吨，2017 年实现产值 3. 8 亿元。四家陶瓷企业 18 条生产线全部通过环评审批，投入正常生产。其中祥达陶瓷有限公司 2017 年实现产值 4. 5 亿元。2017 年，横陂镇实现地区生产总值 23. 1 亿元，同比增长 7. 7%；规模以上工业增加值 3. 46 亿元，增长 12. 1%，地方公共财政预算收入 2 717 万元，增长 10. 2%，农村居民人均可支配收入 11 723 元，增长 9. 4%。乡村振兴步伐加快，至 2018 年，已完成村道硬底化建设 150 多公里，覆盖 148 条自然村。全面完成“村村通”客车窄路扩宽工程和“村村通”自来水工程，有 80 多条自然村新建了塘坦、球场、公园，部分乡道安装了路灯。塘莲、莲龙村等 3 条村被评为广东省卫生村，湾海、湾雷等 13 条自然村被评为江门市生态村，白庙村被评为江门市卫生村。

（八）那吉镇

那吉镇地处恩平市西南部，东部与大槐镇接壤，南部和西部分别与阳江市阳东区田畔镇、大八镇相邻，北部与河排林场相连，辖区面积 194 平方千米，辖 7 个行政村，1 个圩镇社区、114 条自然村。那吉镇是解放战争时期的革命根据地，中华人民共和国成立后，那吉镇被评定为革命老区镇，有 7 个行政村被为老区行政村，有 97 条自然村被评为老区自然村。

那吉镇的传统经济是农业经济，在经济建设中坚持农业的基础地位，围绕市场需求，不断调整农业结构，发展适销对路的“三高”农业，形成以粮为主，农、林、牧、副、渔全面发展的农业产业结构格局。1980 年后，那吉镇调整压减粮食种植面积 642.2 公顷，扩大种植适销对路、经济值高的农作物；1985 年种植甘蔗面积 220 公顷，开挖鱼塘 49.94 公顷，种植水果 47.27 公顷，木薯 449.67 公顷，花生 161.54 公顷，还大力发展植林种竹，扩大养殖牛、猪、山羊、鸡、鸭、蛋鸡、鹅等。通过调整农业结构，那吉镇实现农业增效，农民增收。到 2004 年，农业经济总收入 3 645 万元，农民人均收入 3 164 元，比 1979 年人均收入 134 元，增加 24 倍。通过招商引资，该镇引进毛织厂、针织厂、水泥厂及摩托车厂等项目，促进工业经济的发展。到 2004 年，全镇引进工业项目 27 个，引资总额 40 万美元、7 705 万人民币。引进 3 家台商企业，独资 250 万美元，兴办农业产业基地，发展“三高”农业。

1995 年后，那吉镇充分发挥独特的自然环境和丰富的地热资源优势，大力发展旅游业，先后建成金山温泉，温泉乐园和云礼石头村等著名景区景点。党的十八大以来，那吉镇围绕“镇域经济特色化，特色经济产业化，产业经济规模化”的发展思路，立足生态旅游镇发展定位，以建设“森林温泉小镇”为目标，2016 年获批成为广东省首批“森林小镇建设示范镇”，2018 年入选第一批“全国最美森林小镇 100 例”。积极实施乡村振兴战略，以农村人居环境整治工作为抓手，全面铺开乡村振兴工作，扎实推进“厕所革命”和“污水革命”，新建农村厕所 50 间，镇级污水处理厂 1 座和村级污水处理点 7 个。精准扶贫取得成就效，全镇精准扶贫户 38 户 138 人至 2018 年底全部脱贫。2017 年，那吉镇经济发展势头向好，主要经济指标实现持续稳定增长，实现工业总产值 5.58 亿元，同比增长 10%，规模以上工业增加值 1.28 亿元，增长 9.6%，成功创建江门市卫生镇。

（九）圣堂镇

圣堂镇位于恩平市中部，东邻君堂镇，南接东成镇，西与恩城街道（中心城区）接壤，北与良西镇交界，辖区总面积56.65平方千米，辖11个行政村，1个圩镇社区，85条自然村。圣堂镇有7个革命老区行政村，12条老区自然村。2017年年末户籍户口28 000多人，旅外华侨和港澳台同胞近40 000人。圣堂镇是老革命家冯燊、禤全光以及中华人民共和国第一任联合国副秘书长唐明照的故里。改革开放以来，圣堂镇始终把发展作为第一要务，努力创新发展新思路，积极寻求发展新突破，经济社会实现平稳较快发展。2017年，圣堂镇一般公共财政预算收入1 918万元，同比增长146%，固定资产投资54 078万元，增长15%，规模以上工业增加值13 555.8万元，增长11.2%，社会消费品零售总额8 289万元，增长19.54%，外贸进出口总额2 900万元，增长35%，总部经济实现零的突破，广东大广农牧集团总部成功入驻圣堂并顺利运营。

近年，圣堂镇的旅游产业有新发展。主要是，着力抓好歇马举人村全面升级改造，擦亮中国历史文化名村、全国文明村和全国特色景观旅游名村等“国字号”牌子；依托水塘村恩平第一个基层党组织诞生地，老革命家冯燊、禤全光故居等红色资源以及民俗、生态文化特色，推进乡村旅游、红色旅游的发展，水塘村已被打造为“恩平市青少年红色教育基地”“恩平市红色家风教育基地”。红色教育基地的成功创建也带动了乡村振兴。水塘行政村所属下隔巷自然村（禤全光故居所在地），整条村已被绿色环绕，漂亮的花圃沿着村口鱼塘而建，村头村尾各建了一个小公园，总面积4 000平方米，村道、塘坦全部实现水泥硬底化，干净整洁。

（十）东成镇

东成镇位于恩平市东部，与恩城街道接壤，辖区面积112.97平方千米，辖15个行政村、1个圩镇社区、141条自然村，其中有老区行政村10个、老区自然村21条。2017年年末辖区户籍人口25 492人，旅外华侨和港澳同胞12 000人。2016年1月，东成镇和江门产业转移工业园恩平园区合署办公，融合发展。

东成镇传统经济是农业经济，以种植水稻为主，1990年后，调整农业产业结构，发展“三高”农业，扩大水果和优质蔬菜种植面积，柑、橘、橙、龙眼、荔枝的种植面积11 000亩（约733.33公顷）。其中引入优质红光橙、火龙果和辣木等特色经济作物，成功注册“锦江红橙”商标，提高了东成镇特色农产品知名度。20世纪90年代，东成镇发挥侨乡优势，大力发展“三来一补”（来料加工、来样生产、来件装配和补偿贸易）企业，加快镇经济发展。到1996年，全镇大小企业100多家，其中“三资”（外资、民资、合资）企业10家，实现工业总产值4.55亿元。党的十八大以来，农业产业化与特色农业有新发展，至2017年，全镇有农民专业合作社17个、农业产业基地18个，种植特色经济作物3 000多亩（约200公顷），其中优质红光橙500多亩（约33.33公顷）、火龙果300多亩（约20公顷）、辣木300多亩（约20公顷）、市存善堂辣木科技有限公司成功创建“存善堂”辣木品牌和江门市示范性家庭农场。

东成镇的实体经济与产业集聚区建设步伐加快，全镇有工商贸企业220多家，拥有以海天电子为龙头的现代电子信息产业，以泉林黄金小镇为龙头的休闲旅游业，以锦江国际新城、侨星国际大厦和好万家购物广场为龙头的商贸物流化，占地5平方千米的东成产业集聚区规划建设工作顺利启动推进。2017年，镇级公共财政预算收入8 497万元，同比增长18.77%；规模以上工业增加值 4 956 万元，同比增长 9. 3% ；固定资产投资 20. 09 亿元，同比增长 15% ；外贸进出口总额 7 000 万元，同比增长 13. 34% ；社会消费品零售总额 6 740. 9 万元，同比增长 21. 21% 。

（十一）大槐镇

大槐镇位于恩平市南部，东近恩平港码头，南接阳江市，北靠江门产业转移工业园恩平园区，辖区面积 122 平方千米，辖 12 个行政村，1 个圩镇社区、121 条自然村。其中有老区行政村 8 个、老区自然 17 条，2017 年年末全镇户籍人口 22 959 人。

大槐镇传统经济是农业经济，1980 年工农业总产值 287 万元，其中农业总产值 172. 8 万元，占 60. 2% 。1980 年，农业全面实行家庭联产承包责任制后，调整经济结构，拓展工业生产，经济发展加步伐加快。1983 年，工业总产值首次超越农业总产值，比例为 52. 2∶47. 8。党的十八大以来，大槐镇党委、政府积极推进农业向基地化、规模化、商品化方向发展。依托聚泉农业有限公司、温氏大槐服务部、金山温泉茶厂等农业龙头企业，完善“公司 + 农户”模式，大力发展种养业，除传统的优质水稻、蔬菜外，茶叶、龙眼、簕菜、柠檬等经济作物也逐步打响品牌。同时，大力推广茶文化，把茶文化融入传统文化教育环节，围绕“茶礼养德”，开展茶文化德育教育，“茶礼养德”教育已成为大槐镇中心小学校园文化建设的特色和亮点。

大槐镇在经济发展进程中，坚持“工业强镇”发展理念，主动融入区域建设，重点抓好恩平工业园大槐集聚区的规划建设，打造招商引资平台，引进项目 25 个，总投资共 36 亿元。其中国家级高新技术企业 14 个，占比 56% ，投资 10. 4 亿元的智能家电产业组团项目和一批新招工业项目已集中动工建设。2017 年，大槐镇经济社会实现持续平稳较快发展，全镇完成地区生产总值 20. 29 亿元，同比增长 2. 22% ；规模以上工业 2. 9025 亿元，增长

13%，固定资产投资总额8.2112亿元，增长15%，一般公共财政预算总收入4 811万元，增长13.1%；社会消费品零售总额1 588万元，增长21.1%；农村人均可支配收入13 001元，增长40%.

（十二）上凯岗村

上凯岗村位于沙湖镇西北部，2017年有户籍人口2 300多人，祖籍该村的华侨（华人）和港澳台同胞450多人。抗日战争爆发不久，该村就发展了共产党员，建立了党的组织。在共产党的领导下，该村有32人参加了抗日游击队，并从财力、物力等方面大力支持活跃在恩平和粤中地区的粤中纵队游击队，为击退日军的扫荡、保护人民群众的利益作出了贡献。解放战争时期，出生于该村、时任粤中纵队司令员的吴有恒以及中共恩平党工委的主要领导干部，以该村为据点，领导和组织群众参军参战，支援前线，充分利用石猫山的地理优势，跟敌人周旋，浴血奋战。其中以“鸡啼营”“宝塔仔将军山”两大战役最为著名。解放战争时期，该村有7位热血青年献出了宝贵生命。1957年，上凯岗村被评定为抗日战争时期的革命老区村。

上凯岗村解放后，特别是党的十八大以来，上凯岗村在上级党委和政府的领导和支持下，发挥侨乡优势，动员海外内外乡亲积极参与，筹资600多万元，开展文明村建设，拆除废旧猪舍、牛栏、危房，将村道、塘坦进行水泥硬底化升级改造，安装了路灯，塘边、路边种植花草树木，进行绿化、美化；塘基安装了不锈钢护栏，大力推进厕所革命，家家户户改厕，建设了垃圾屋和无公害公厕，安装了自来水管，家家户户用上自来水；兴建1 500平方米的多功能文体广场，设有室内灯光球场，乒乓球枱、健身器材等设施。2016年，投入100万元，建设了村娱乐中心，内设综合文化服务中心、文化室、农家书屋、妇儿综合活动室。位于该村的吴有恒故居（因树书屋）先后被评为江门市、广东省中共党史教育基地、江门市党员教育基地、江门市人文社会科学普及示范基地。上凯岗村 2017 年、2018 年分别获评“广东省文明村”“全国文明村”称号。

6

第六章

英雄人物辈出　事迹可歌可泣

第一节 革命领导人物

冯燊

冯燊（1898—1970 年），圣堂天村人。先辈家境较富，到其祖父时家业破产，父亲卖身赴南洋当矿工。冯燊 12 岁辍学，13 岁随舅父到香港的一艘远洋轮船当厨工，足迹遍及世界各地。

五四运动后，全国各地“工潮”“学潮”此伏彼起。1921 年，冯燊与苏兆征、林伟民等在香港发起组织中华海员工联合总会，组织工人参加了 1922 年的香港海员罢工和 1935 年的省港大罢工。随后，冯燊和罢工工人一起返回广州，并加入中国共产党。不久，他被调至罢工委员会“东园支部”工作，后又到大虎舰当党代表；1926 年任中共广东南路特派员主任，不久调入佛山舰任中共支部书记。

1927 年春，冯燊在香港筹备悼念孙中山逝世两周年大会，后被港英当局逮捕，坐牢 6 个月后被押解至广州。同年底，冯燊在海员工会驻地被省保安队用枪击伤。在押医疗期间，中共广州行动委员会组织工人携同其妻子，借探病之机将冯燊劫出，送回家乡恩平治疗。冯燊在家乡一边疗伤，一边做地下工作，发展共产党员多人。1928 年 1 月，冯燊组织建立了中共恩平第一个支部——天村支部。其后，冯燊往返于香港、佛山等地，为恢复地方党组织而奔波。1929 年，冯燊被调往上海。1930 年，冯燊参加以刘少奇为团长的中国代表团到莫斯科出席第六次国际工人代表大会。会后，和廖承志一起到德国汉堡出席国际海员工人代表会议。回国后，任全国海员工会组织部长。

1933 年，中共中央转入江西，冯燊也辗转到达瑞金，被分配到中华全国总工会任社会救济部副部长，在刘少奇直接领导下工作。翌年 10 月，冯燊加入红军长征的队伍，被派到中央红军兴国师任组织科长。长征队伍到达云贵边境的金沙江畔时，冯参加阻击国民党军“追剿”部队的任务，不幸负伤，匿于百姓家养伤。稍愈，即追赶部队，途中被国民党政府地方部队收容，押至重庆涂山寺收容所。冯燊谎说是区寿年师（国民政府军）的士兵，在福建被红军俘虏，后担任红军炊事员。审讯员叫他到厨房试验真假。冯曾在远洋船上当厨工多年，厨艺超群，收容所的工作人员品尝他做的菜后，啧啧称赞，留冯在厨房工作，至 1936 年夏获释。当时冯燊身无分文，从重庆行乞至武汉，再乘船抵上海。几经转折后，他恢复了组织关系，出任中共广东西南特委副书记。1938 年 9 月冯燊回恩平，负责重建地方党组织，成立中共恩平县工作委员会，并任工委书记。随后，又成立国共合作的恩平民众抗日政治大队，这支队伍成为恩平抗日救亡运动的骨干力量。

1941 年，冯燊调任中共西江地委书记，不久调往东江、香港。1948 年，被中共香港分局派回粤中，任中共广南分委书记、军分委主席，率主力部分 700 多人，与国民党政府军及其地方部队周旋于粤中各地。1938 年 4 月，冯燊任粤中临时区党委书记兼粤中纵队政委。中华人民共和国成立后，冯燊历任广东省人民政府委员、省交通厅厅长、广东省总工会主席、中共广东省委交通部副部长、省政协副主席等职。

1952 年，冯燊受“松仔岭事件”影响，中共广东省委责成其回恩平检讨。而在圣堂圩的“检讨会”上，冯燊将“检讨会”变成了宣传土改政策的大会，赢得群众拥护。

“文化大革命”期间，冯燊于1970年含冤逝世，终年71岁。1979年，冯燊得以平反，恢复名誉。

唐明照

唐明照（1910—1998年），原名唐锡朝，又名唐奕朴，恩平圣堂塘龙村人。1920年他随家人移居美国旧金山，在当地完成小学、中学学业。1927年，唐明照回国，到天津南开中学就读高中，1930年考入清华大学政治系。“九一八”事变后，他投身抗日救亡活动，并参加中国共产党，翌年任中共北平市委组织部部长。1933年唐明照返美，继续求学，就读于加州大学历史系，并先后担任该校美国共产党支部宣传部长、组织部长、支部书记等职，边读书边从事革命活动。1937年毕业后，唐明照进入纽约华侨洗衣馆联合会任英文干事。期间，在唐人街开办明照英文学校，帮助华人学习英语。1938年，唐明照与张希先结婚，继续从事革命活动，创办《先锋》周刊，宣传抗日救亡运动。1940年7月8日，唐明照与冀贡泉在纽约创办《美洲华侨日报》，并任社长。该报宣传一致抗日，反对内战，在北美华人中产生了积极影响。太平洋战争期间，唐明照在美国政府中任职。

1945年日本投降后，唐明照回到《美洲华侨日报》社任总编辑。1939—1950年，历任美共中央中国局书记。1950年，朝鲜战争爆发后，为免于麦卡锡主义的迫害，根据周恩来总理指示，唐明照举家秘密回国。回国后，他先后任抗美援朝总会联络部副部长、中共中央联络部处长、副秘书长。期间，他曾多次作为中国代表团成员参加万隆会议、日内瓦禁止核武器等国际重大会议。1971年10月，中国恢复在联合国的合法地位，唐明照作为副代表，与乔冠华、黄华、符浩、熊向晖、陈楚、王海容等于同年 11 月赴纽约参加第 26 届联合国大会；1972 年春，出任中华人民共和国第一任联合国副秘书长，主管政治事务、非殖民化、托管地工作。在联合国任职 7 年，唐明照生活俭朴，除日常生活和雇一个华侨司机的开支外，剩下 26 万多美元全部交给国家。1980 年，唐明照任中共中央国际联络部顾问，翌年任中国国际交流协会副会长。唐明照是全国人民代表大会第一、二、三届代表和全国政协第六、七届委员。1998 年，唐明照在北京病逝，享年 88 岁。

吴有恒

吴有恒（1913—1994 年），乳名池女，化名李强、李集，出生于恩平沙湖镇上凯岗村，少年时先后就读于恩平郁文学校及广州广雅、知用中学。1931 年“九一八”事变后。吴有恒在学校参加抗日救亡运动。1936 年 3 月，在香港参加全国各界救国联合会，任该会华南区总部干事，并于同年 9 月加入中国共产党，先后担任中共香港地下支部书记、香港市委书记、广州市委学生工委书记、粤东南特委组织部部长、中共广东省港澳地区特派员等职。1939 年，吴有恒当选中共七大代表，他从香港启程前往延安参加大会期间，在新四军张爱萍部一个团负责政治工作；抵达延安后，被分配到中央党务研究室任研究员。1945 年，吴有恒出席中共七大，七大闭幕后，被派回广东开辟游击根据地，并任广东南海地区特派员。1947 年 4 月，吴有恒任中国人民解放军粤桂边区部队司令员；1949 年 8 月，任粤中纵队司令员。

中华人民共和国成立后，先后任中共粤中地委书记、粤西区党委秘书长、广州市委秘书长、广州市委书记处书记等职。1954 年，当选中华人民共和国第一届全国人民代表大会代表，并出席了大会。1956 年，当选中国共产党第八次全国代表大会代表。1958 年，广东反“地方主义”运动期间，吴有恒受到错误处分；1958 至 1962 年，被下放到广州造纸厂工作。期间，他利用业余时间从事文学创作活动，先后创作了话剧《山乡恩仇记》、粤剧《山乡风云》和长篇小说《山乡风云录》。1963 年，吴有恒加入中国作家协会广东分会，同年转为专业作家，又先后写出长篇小说《北山记》《滨海传》等。吴有恒在“文化大革命”期间受到冲击。

粉碎“四人帮”后，吴有恒得以平反，恢复名誉。1978 年后，他先后当选广东省文联副主席、广东省作家协会副主席、广东省民间文艺研究会主席、广东省新闻学会会长。1979 年 10 月，吴有恒出任正在筹备复刊的《羊城晚报》社党委书记兼总编辑，对该报的复刊和发展倾注了全部心血，成为一位优秀的新闻工作者。在纪念《羊城晚报》创刊 35 周年时，吴有恒写下一首诗：“摘去乌纱不做官，老来报社编新闻；此生此事应无悔，我是《羊城晚报》人。”1980 年 1 月，吴有恒任广东省第五届人大常委会委员；1982 年当选为中国共产党第十二次全国代表大会代表；1983 年 4 月，任广东省第六届人大常委会副主任；同年 8 月，任《羊城晚报》社顾问，1987 年离休。1994 年 8 月 23 日，吴有恒在广州病逝，享年 81 岁。

罗范群

罗范群（1917—1994 年），广东梅县人。他早年考入梅县县立第五中学，高中毕业后到蕉岭县立中学任校部文书，1934 年秋考入中山大学文理学院就读。在学期间参加了中国社会主义青年同盟秘密外围组织——时事研究小组。翌年 12 月，罗范群积极参加了支持北京“一二·九”

运动的广州大中学生活动；1936 年 9 月，由苏惠介绍加入中国共产党。

1936 年 10 月，罗范群任中山大学中共学生支部书记；中共广州市委员会成立后，任组织部部长；1937 年 10 月，任中共广州市工委代理书记。

1938 年 1 月，罗范群任中共广东省委候补委员。是年 4 月，根据中共中央和长江局的指示，撤销南委，组成新的广东省委，罗范群被选为中共广东省委委员，并兼任中共广州市委书记。同年 10 月，罗范群赴开平筹备成立中共西南特委，并任书记；1939 年 1 月任中共广东中区特委书记；同年 9 月，再次当选为中共广东省委委员，并当选中共七大候补代表；此前，再度接任中共广州市委书记；1940 年 6 月，赴珠江三角洲开展敌后抗日武装斗争，并组成南（海）番（禺）中（山）顺（德）中心县委，任书记；1944 年 2 月，任东江军政委员会委员，同时兼任南番中顺地区游击指挥部政委。翌年 3 月，中共广东省委决定撤销中心县委，成立南番中顺临时工作委员会，罗范群任书记。1945 年 10 月，南番中顺抗日游击武装扩建为中区纵队，罗范群任政委。不久，罗范群率领中区纵队主力 400 余人奉命挺进粤中地区，与恩平、新会、鹤山、台山、高明等多支游击队会合，组成 6 个团，共 1 000 余人，转战恩平。1949 年 9 月，他以华南人民解放军的正式代表身份，出席在北京召开的中国人民政治协商会议第一届全体会议，并被选为第一届全国政协委员，并任广东省政协副主席兼省政协党组书记。1965 年 2 月，罗范群任中共广东省委常委；1966 年 2 月，任广东省人民委员会党组副书记；“文革”中下放英德省直“五・七”干校劳动；1972 年 7 月，任中共惠阳地委副书记兼革委会副主任；同年 11 月，调任中共广州市委常委。

1977 年 12 月，任广东省第四届政协副主席；1983 年 8 月，任中共广东省顾问委员会常委。

谢立全

谢立全（1917—1973 年），又名陈明光，江西省兴国县樟木乡源坑村人。谢立全 1929 年参加中国工农红军，1930 年加入共产主义青年团，1931 年转为中共党员。土地革命战争时期，谢立全历任战士、分队长、政治指导员、干事、科长等职。1934 年，谢立全参加长征；抗日战争初期，任抗日军政大学三分校五大队总支部书记、二大队政治委员；1940 年 6 月，受中共中央委派，从延安到广东，9 月任南番中顺中心县委委员，负责军事工作。谢立全与林锵云等一起，组建广游二支队独立第一中队，以八路军、新四军为榜样，亲自组织、领导部队的军事、政治工作，指挥沙湾、泮浦、翠微、浮墟、石莹桥等地的多次战斗，屡获战功。1941 年 8 月起，代表中共南番中顺中心县委和南番中顺游击区指挥部，领导中山人民以五桂山为依托，开展中山敌后游击战，作出重要贡献。

1944 年秋，按中共广东省委的决定，建立中区纵队，谢立全任副司令员，率领机关和粤中主力大队近 500 人从五桂山出发，冲破日军重重封锁，到达高明、鹤山县抗日游击区执行新的战斗任务；后任广东人民抗日解放军参谋长、代司令员；1946 年，随队北撤山东，任华东野战军第十六师、人民解放军第二十四军第七十师、第三十军政治委员；中华人民共和国成立后，任华东海军第五舰队司令员兼政治委员，中国人民解放军军事学院海军系主任，海军学院第一副院长、院长；1955 年被授予海军少将军衔。1973 年 10 月 30 日，谢立全在北京辞世。谢立全著有《珠江怒潮》《挺进粤中》等著作。

刘田夫

刘田夫（1908—2002年），1908年10月出生，四川广安人。1931年夏，刘田夫在上海任教，投身革命；1934年，加入中国共产党。1934年4月，在上海投身抗日救亡工作，后下广东；1939年8月，任中共西江特委书记；次年8月，任中区特委书记；1943年9月，任南番中顺游击区指挥部政治部主任；1944年10月，任中区纵队政治部主任，率部队转战粤中地区；1945年1月，任广东人民抗日解放军政治部主任，年底部队在大田朗底驻扎整训，10月兼任中区临时特委书记；曾任珠江、中区抗日部队副政委、政治部主任，广东区党委委员。解放战争期间，1947年任两广纵队政治部副主任。中华人民共和国成立后至1960年，刘田夫历任广东高雷地委书记，粤西区党委委员、副书记、书记，中共广东省委常委、工业部部长、副省长兼秘书长；1960年8月以后，任中共广东省候补书记、书记、副省长；1972年底，任中共广东省委常委、省革委会副主任；1981年任广东省省长，1983年4月任中共中央顾问委员会委员。刘田夫是党的十二、十三大代表，第五届全国人大代表。他曾在恩平市领导陪同下，回到朗底视察，在广东人民抗日解放军司令部驻地旧址、朗底革命烈士纪念碑前，感慨流出热泪。

欧　初

欧初（1921—2017年），广东中山人，生于广州，诗人、书画家、收藏家。1938年参加“抗先”，次年加入中国共产党，是中山五桂山抗日根据地、广东人民抗日游击队总队、中国人民解放军粤中解放区的主要创建人、领导人之一；在转战恩平期间，打击国民党地方武装势力，指挥小洛战斗，消灭了国民党在洪滘小洛沿海一带的武装势力；中华人民共和国成立后，历任广东省政府秘书长、中共广州市委书记、广州市常务副市长、市人大常委会主任、中共广东省委顾问委员会常务委员等职。欧初出版有《五桂山房诗文集》《欧初书画集》《欧初自用印及藏印集》等书；晚年创建欧初文化教育基金会，致力于慈善助学，两年间资助了近200名贫困大学生，并出资捐建了四川汶川地震灾区广元市的小学。

谢 创

谢创，开平市塘口镇以敬村人，生于1905年。他13岁就读赤坎镇光裕小学，16岁毕业于旧制高小。谢创在小学期间受进步教师的思想教育和五四运动的影响，新民主主义思想开始萌芽。1923年，谢创到美国谋生，1924年，他弃商投身革命。1925年受省港大罢工，以及后来的北伐战争的感召，谢创等进步青年成立了三民主义研究社及中国学生会，出版《群声》杂志，向华侨宣传反帝反封建的革命道理。他们联合华侨反帝大同盟，发动华侨举行反帝游行示威，拥护中国大革命。

谢创通过工作的考验，被吸收为美国共产主义青年团团员，1928年加入美国共产党。

1935年，谢创接受共产国际的派遣，回国抗日。1937年，他与关山重建中国共产党开平党组织，把主要精力放在共产党的地方组织工作上。中华人民共和国成立前，谢创历任中国共产党开平特别支部书记、四邑工委书记、开平县委书记、海丰县委书记、海陆丰中心县委书记、东江前方特委书记、珠江三角洲工委委员、广东省区党委驻粤中联络员、中共中央香港分局统战部华侨工作组组长、粤中特委书记；解放战争时期，任中国人民解放军粤中纵队副政委兼政治部主任；中华人民共和国成立后，先后任三埠地区军管会主任、粤中地委副书记、粤中专署专员、广州卫生局、侨务局局长、中共广州市委统战部副部长、广州市参事室主任、中国人民政治协商会议广州市委员会副主席。

1957 年，谢创受“左”倾路线冲击和迫害，被戴上“地方主义”的帽子；“文化大革命”时期，被监禁于粤北山区劳改场；粉碎林彪反革命集团后，他才恢复自由。1978 年 12 月，党的十一届三中全会召开后，经过拨乱反正，谢创蒙受的冤假错案被彻底平反，他得以恢复名誉。

郑锦波

郑锦波（1915—2015 年）出身于恩平牛江东边朗村的一个华侨家庭。1931 年“九一八”事变后，他参加中山大学抗日宣传工作；1936 年加入中国共产党；1938 年，中共恩平县委重建，任副书记兼组织部长，次年起先后任中共恩平县委书记和台山县委书记；1944 年秋，转入部队，历任广东人民抗日解放军五团（恩平部队）的首任政委、粤中党组织副特派员、广阳地委书记、广阳支队司令员兼政委。1949 年 11 月后，任中共粤中军分区常委、政治部主任，广州军区政治部联络部副部长，总政治部广州联络局副局长、政委等职。

郑锦波在革命战争年代，出生入死，无私奉献。国民党恩平县长邓文林曾重金雇人暗杀他，他无所畏惧，更加英勇作战，还把家里的财物拿来支持革命。甚至把海外亲人寄回的汇款和妻子结婚时的嫁妆、积蓄等共 700 多美元，献给部队，解决军需。

郑锦波离休后，任广东老区建设促进会常务副理事长，情系老区和家乡建设。在他的倡议下，1997 年恩平建了“三老纪念亭”，纪念冯燊、禤全光、吴有恒三位革命老前辈；他设法多方筹集资金，支持大田炉圹老区兴建水电站；1998 年 6 月下旬，恩平遭受特大洪水灾害，他捐款 2 000 元帮助灾民解困；他将自己近 10 万元的积蓄以及收藏的图书捐赠，兴办图书馆。

禤全光

禤全光（1893—1983 年）又名禤荣，恩平圣堂镇隔巷村人，出生于香港。1922 年起，他在香港参加洋务工会和海员工会，先后参加香港海员工人大罢工和省港大罢工。

1925 年他受广东农民协会和省港罢工委员会派遣，回恩平组织农民协会，开展农民运动，他是恩平第一个农会——长安农会的组织者之一。1926 年，恩平各地农会相继成立，民众掀起了斗争土豪恶霸高潮，在广东省农协的支持下，作恶多端的梁之梅被撤掉县长职务。

1927 年，恩平有农民协会 25 个，会员 1 万多人。禤全光与各地农会密切联系，组织农军 1 000 多人，担任农军团长，负责农民暴动总指挥；9 月 14 日，农军分三路合击恩城，因众寡悬殊，攻城失败，撤到澳门，禤全光在澳门加入了中国共产党，后回广州，组织疏散在广州的恩平农军骨干，参加广州起义。

1938 年，加拿大医生白求恩，受加共和美共的派遣，来华参加抗日战地服务。禤全光受组织之托，到香港码头迎接白求恩 ，并全程做好服务，待白求恩稍住几天后，再将他送到九龙旺角搭车，后又转乘飞机去武汉转到抗日前线八路军驻地。禤全光是接送白求恩大夫到中国抗日前线的第一人。抗日战争期间，禤全光担任旅港恩平回乡服务团团长，回恩平开展抗日救亡活动。

中华人民共和国成立后，禤全光任中国海员工会筹委，华南海员工会副主席。

吴　枫

吴枫，1916 年出生，恩平牛江吉乐村人，在家乡读完小学后到广州继续深造，1935 年，毕业于中山大学附中；随后，在香港和家乡村小学教书；1938 年 12 月，加入中国共产党。吴枫先后任中共恩平县委、台山县委宣传部部长、广东省人民抗日解放军政治部宣传科科长；1948 年 3 月至 1950 年 5 月，任恩平县委书记、粤中纵队第二支队政治部主任。全国解放后，吴枫任粤中地委宣传部副部长、《粤中人民报》社长、广东省委宣传部秘书长，华南农学院党委书记、驻波兰大使馆文化参赞、中国科学院物理研究所党委副书记；1979 年后，在文化部、对外文委任对外三司副司长、美大司司长等职。

吴枫擅长诗词，著有《浪花集》《游子吟》《夕阳吟》等诗文集。其传略被编入《东方之子》《世界名人录》等辞书。

郑　玛

郑玛，广东恩平君堂镇人，1922 年出生，1938 年在恩平参加革命，曾任中共恩平县委三区工委委员，1945 年 3 月任县工委书记，1945 年 8 月任中共恩平县委组织部长；1946 年 4 月起，先后任恩平县委副特派员、两广纵队后勤部副政委、广州军区干部部副部长、广西军区政治部副主任；1978 年 12 月至 1983 年 5 月，任广西军区政治部主任，1983 年 5 月至 1984 年 9 月，任广西军区顾问；1984 年离休。

郑鼎诺

郑鼎诺（1915—2008 年），祖籍恩平君堂镇君堂村。少时在家乡小学和县立中学读书；1932 年就读广州美术专科学校（简称“广州美专”），开始接触左翼文化和先进思想；1935 年，广州美专毕业后，回到家乡教学和参加抗日救亡活动；1938 年 6 月参加中国共产党；从 1940 到 1946 年，在中山石岐、广州从事地下革命活动，任中山一、二区区委委员，石岐特支书记，广州市委组织部干事；1948 年 10 月，任中共粤桂边广南分委、滨海地工委委员，1949 年 2 月，任广阳地委委员、中共恩平县委书记、广阳支队五团政治委员，同年 4 月，兼任恩平县人民政府县长；1949 年 10 月，任中华人民共和国成立后恩平县第一任县委书记、县长、军管会主任；1952 年 5 月，因恩平“松仔岭事件”受到错误处理，被判刑。1978 年，党的十一届三中全会后，省、地、县成立联合复议小组对“松仔岭事件”进行复查复议。1980 年 11 月，中共广东省委、省法院作出对“松仔岭事件”实行平反的决定，对包括郑鼎诺在内的有关人员撤销原判，恢复政治名誉、待遇、党籍。郑鼎诺随后当选为恩平县第一届政协副主席。1984 年，他离休，定居广州；1986 年，被选为广东省离休老干部先进代表。

1990 年，郑鼎诺撰写了《恩平解放初三年》一书，后又编辑、出版《恩平解放初三年资料选集》（共三册）；2001 年，在 86 岁之年，撰写了自传《八六回眸》。

陈　全

陈全，广东中山人，16 岁参加革命，在抗日战争时期和解放战争时期在粤中地区开展革命斗争，为恩平解放事业作出了贡献。1945 年，主力部队北撤后，他留在粤中恩平，开展艰难的游击战争；1946 年 6 月，任新恩山区分散隐蔽武工队负责人；1947 年 2 月，任粤中区武装部队新恩人民保乡自卫大队政治委员；1948 年 8 月，任广南军分委新兴县七团团长；1949 年 1 月，任粤中军分委中国人民解放军广阳支队七团团长；1949 年 7 月，任广东人民解放军粤中纵队第二支队四团团长；中华人民共和国成立后，任国防大学政工办公室主任。

马　平

马平，抗战时期参加革命的老战士。他在抗日战争和解放战争时期在粤中纵队任职，为恩平解放事业作出了贡献；1946 年 6 月，任两阳分散隐蔽武工队负责人，开展游击战；1947 年 2 月，任两阳武装工作委员会负责人；1948 年 8 月，任广南军分委六团团长；1949 年 1 月，任粤中军分委广阳支队五团团长；1949 年 7 月，任中国人民解放军粤中纵队第二支队五团团长。中华人民共和国成立后，马平任恩平公安局第一任局长。

第二节 革命英烈

镬盖山六壮士

吴宽，又名吴瑞宽，1928 年出生，广东恩平县四区两凯乡（今沙湖镇）上凯岗村人。他 1948 年参加革命，同年加入中国共产党，不久任广东人民解放军广阳支队五团红星连副排长；1949 年 7 月 8 日，在镬盖山战斗中光荣牺牲。

关森，又名关炳森，广东开平县第二区赤坎乡（今开平市赤坎镇）古圹村人。1947 年参加革命，同年加入中国共产党，任广东人民解放军广阳支队五团红星连一排政治服务员；1949 年 7 月 8 日在镬盖山战斗中壮烈牺牲。

苏宙，广东开平县第一区棠红乡（今开平市龙胜镇）棠红村人，1913 年出生，1947 年参加革命，1949 年初，任广东人民解放军广阳支队五团红星连一排班长，1949 年 7 月 8 日，在镬盖山战斗中壮烈牺牲。

吴浓，又名吴振浓，广东恩平县第三区良西乡（今良西镇）潭流村人，1931 年农历八月出生，1945 年参加革命。不久，粤中主力部队北撤山东解放区，他复员回家参加生产。1947 年广东恢复公开武装斗争后，他重新归队，在广东人民解放军广阳支队五团红星连一排当战士；1949 年 7 月 8 日，在镬盖山战斗中壮烈牺牲。

谭植，又名李谭植，1932 年出生，原籍广东阳春县附城乡列屋咀村。他因家境贫穷，1943 年被卖到恩平县清湾乡（今那吉镇）清湾村李先长家做儿子。1947 年参加革命，1949 年 6 月，任广东人民解放军广阳支队五团红星连战士；同年 7 月 8 日，在镬盖山战斗中壮烈牺牲。

关华，广东开平县第二区灵源乡（今赤坎镇）樟村人；1948 年参加革命，在广东人民解放军广阳支队五团红星连一排当战士；1949 年 7 月 8 日，在镬盖山战斗中负重伤，后被救生还。

黄飞

黄飞（1921—1948 年），原名黄士杰，曾用名黄文升，广东省花县（今广州市花都区）黄岐山村人，出生于香港。1937 年，黄飞读中学时适逢抗日战争爆发，香港爱国同胞的抗日热潮日渐高涨。黄飞心潮激荡，热血沸腾，奋力投身到这一场关系中华民族生死存亡的伟大斗争之中。他积极参加学生赈济会的活动，并加入了中国共产党。黄飞与三个好友结成知己，立志要为国出力，光复中华，他们统一以“飞、砂、走、石”命名（黄飞之名便是此时改的），要将他们的生命之光化为漫天的飞沙走石，席卷敌阵。

黄飞不但自己投身抗日救亡运动，而且动员全家老少参加抗日救亡运动。1938 年冬，香港学生赈济会组织青年回国服务团，黄飞积极报名参加。出发前，黄飞接到中山大学的录取通知书。本来上大学深造是黄飞多年来的愿望，但国难当头，他决然投笔从戎。

1938 年 12 月下旬，黄飞随香港学生赈济会青年回国服务团第一团到宝安县（现深圳市宝安区）抗日前线随军服务，并担任该团特别支部宣传委员。该服务团到宝安几天后，由于国民党九一三团在布吉车站被日军击溃，该团的 18 位团员与组织失去联系，只好翻山越岭、历尽艰辛撤回香港。

该团回港后，经过整顿，充实力量后，重新奔赴广东南路的高州一带宣传抗日。黄飞到高州后，担任云潭乡工作队队长，在云潭等地开展活动。他利用当地农民组织的“大刀会”，开办训练班，帮助农民学文化。

黄飞在宣传抗日过程中，还大力传播共产主义思想，教育、培养并发展了一批共产党员，成立云潭乡党支部。

1940 年，国民党反动派掀起了第一次反共高潮。香港学生赈济会青年回国服务第一团和其他抗日救亡团体被国民党强行下令解散。该服务团解散后，黄飞被调往韶关曲江，他改名黄文升，进入国民党第十二集团军二师工作。后来国民党发现黄飞的真实身份，下令逮捕他，他只得隐蔽撤退。此时，香港已经沦陷，他无家可归，只好又回到高州一带进行革命活动。

1945 年 1 月，黄飞参加南路武装起义，任南路人民抗日游击队第四大队大队长。

1947 年冬，敌人调集重兵“扫荡”南路人民武装，游击队主力退到遂（海）廉（江）地区，回旋余地缩小，斗争困难日益增加。为粉碎敌人的“围剿”，保存和壮大武装力量，解除老区的压力，开辟和扩大游击区，配合大军南下解放华南，粤桂边纵队决定抽调主力组成两支部队，实行东进和西进。黄飞率新四团两个主力部队编入东进部队，并担任团长。

东进路上，黄飞机智勇敢，沉着指挥，冲锋在前，撤退在后，带领部队斩将夺隘，通过敌人层层封锁，冲破敌人的围追堵截，来到信宜县。在信宜的白鸡岭，黄飞在与敌人的战斗中受伤。

一个多月后，黄飞伤愈，通过秘密交通线进入粤中，找到了东进部队司令部。

1948 年 8 月间，黄飞被派往香港参加中共中央香港分局举办的学习班。10 月初，他返回粤中，参加组建新（兴）恩（平）开（平）总队，被任命为中共新恩开中心县委委员、新恩开总队长。1948 年 12 月 28 日，黄飞在山上指挥战斗时，用望远镜观察敌情时，不幸被敌人的子弹击中胸部，负重伤，在护送至夹水医疗站的途中，壮烈牺牲，时年 27 岁。

黄飞牺牲后，中共粤桂边区党委委员兼广南分委书记冯燊主持追悼会，将其遗体葬于夹水（现属开平市大沙镇）。1955 年，恩平县人民政府将其骸骨移葬于恩城，并立黄飞墓和黄飞纪念亭以资纪念。

黄志恒

黄志恒（1928—1948 年），原名叫黄秀娟，中山县（今中山市）平岚村人。1943 年，年仅 15 岁的黄秀娟便奔赴中山县五桂山抗日根据地参加革命。同年 9 月，组织选派她参加珠江武装指挥部举办的第二期卫生员训练班学习，结业后被分配到珠江纵队司令部任卫生员。她身材高大，容貌标致，而且性情温顺，说话和气，待人热情，人们很喜欢她。平时，大家很少叫她的名字，都亲切地叫她“肥黄”或“大个黄”。

1944 年 8 月，她跟随部队挺进粤中，在游击大队担任卫生员。在高明县凤凰山战斗中，她和副大队长黄炳南等几十位队员一起被俘，被关进新兴监狱。直到抗日战争胜利，国共谈判时，组织经过说理斗争，她才得到释放出狱。

出狱后，她找到了党组织，被安排到开平教书，开始做地下交通工作。北撤时，她被调到香港待命。

1947 年 2 月初，党派她从香港到恩平，跟随冯超、陈全领导的武装小分队，参加武装斗争。这期间，她改名叫黄志恒。随后，她奉命带一个武工组在君堂、东成、金鸡等地，发动群众，筹款筹粮接济部队。一次党组织面临经济困难，她把自己的金戒指交给党组织作活动经费。

冯超、陈全率领新恩人民保乡自卫大队在恩平等地坚持斗争，到处打击敌人，国民党反动派对他们十分害怕。4 月5 日清明节那天，广东省保安团收到密报，说冯超的爱人黄兰等人在君堂琅哥活动，省保安团即调动人马，指令原在国民党恩平县府当庶务的一个琅哥人带路，赶往琅哥围捕黄兰等人，结果扑空。随后，广东省保安团公开出“花红”悬赏缉拿冯超、陈全、黄兰等人。反动派像疯狗一样，到处搜捕游击队。那时黄志恒带领的武工组活动很谨慎，白天隐蔽，夜间活动，在群众掩护下，几次化险为夷。1948 年7 月18 日夜间，黄志恒带领武工队员吴泮仔、林仔出发到东成背仔石征枪，后夜宿湖昌贤村。19 日上午 8 时，国民党便衣队长梁池女带着30 多人包围了湖昌贤村。黄志恒立即带领武工组突围。由于寡不敌众，队员吴泮仔牺牲，林仔受重伤，黄志恒被捕，敌人把她押回恩城。

在审讯时，敌人满以为所捉到的是大队长冯超的爱人黄兰，以为手中有饵，便可引冯超上钩，恩平游击队便可“一网打尽”。敌人得意忘形，劈头便问：“你是什么人?”黄志恒怒视不答。敌人奸笑着说：“你不说我们也知道。”随即提高声调问，“你是不是黄兰?”黄志恒此时得知敌人要捉的是黄兰，可是敌人不认识黄兰，误把她认作黄兰。于是黄志恒顺水推舟，冒认黄兰，希望转移视线，保护黄兰，保卫游击队。敌人受骗了，于是软硬兼施，追问冯超的行踪。而黄志恒坚贞不屈，拒不作答。敌人给纸要她写“反省”，但她装作不识字，在纸上乱画。敌人使用电烙、棍棒严刑拷打她，在她的双脚锁上笨重的铁镣，把她打得遍体鳞伤，皮开肉绽，一次又一次地昏了过去。但她从不呻吟，泰然处之，坚贞不屈，始终不向敌人吐露半点线索。国民党反动派又再用恐吓的手段，再次押她“陪枪毙”，可她毫无动摇。敌人眼见从她身上捞不到油水，便恼羞成怒，决计杀害她。

黄志恒入狱后，党组织曾千方百计营救她。可是，敌人认定她是黄兰，看守格外严密，无法得手。1948 年 8 月 5 日，凶残的敌人将她押往恩城晒布坦（今恩城街道沿江路大桥北端东侧）的社坛前杀害。她从容就义，时年 20 岁。

陈光远

陈光远（1920—1945 年）出生于君堂镇潢埗头鸿江里村一个农民家庭。陈光远 7 岁就读于当地逢源小学，勤奋好学，爱书如命，常常手不释卷，成绩优良。1933 年，陈光远考入开平开侨中学读初中。入学期间，陈光远受进步思想的影响，除了阅读进步文学作品、医学书籍外，还阅读《兵法全书》等军事书籍。他积极参加由爱国学生组织的抗日救亡活动，并参加开侨学校的“红黑社”等组织，他将“国家兴亡，匹夫有责”八个字写成条幅贴在房间、写在日记本上，以鞭策自己。陈光远初中毕业后，党组织先后安排他在开平百合小学和百合图书馆工作。在这期间，他光荣地加入中国共产党。入党后，他以公开职业作掩护，秘密地为党工作。1939 年，党组织派他到广州知用中学读高中。高中二年级时，他不顾父母的阻拦，毅然弃学，并以到北方读空军学校为借口，长期不回家，实则回到开平县投身抗日救亡运动。1940 年冬至 1941 年春，他任鹤山县工委领导下的特支副书记。1941 年，陈光远回到恩平，在恩平党组织安排下，先后在圣堂歇马崇本小学和良西雁鹅道凝小学，一边教书，一边秘密地为党工作。在崇本小学时，陈光远与学生打成一片，和学生一起唱革命歌曲，自编自演文艺节目，一起到街头、乡村演出，宣传抗日救亡。

1944 年 10 月，根据中共中区特委指示，恩平组建武装部队，名为“广阳守备区联防自卫第三大队第三中队”，陈光远任中队长。部队的给养遇到困难时，他说服父母，从家里把钱、粮和其他物资拿到部队。1945 年 1 月 25 日，粤中人民抗日解放军部队挺进恩平。1 月 27 日，恩平县党组织要求陈光远部队公开活动，并与台山人民抗日游击队第四大队配合，攻打广东省驻恩城的税警大队。战斗失利后，部队撤至朗底圩。按照党组织的指示，陈光远将自己所带领的部队与梁雅操领导的护耕队合并，组成恩平民众抗日自卫游击队，陈光远任中队长。1945 年 2 月 8 日，为了解决部队御寒衣服问题，陈光远与台山人民抗日游击队第四大队联合袭击国民党广平司管区后勤部设在良西松柏根村的被服站。战斗取得胜利，陈光远部缴获步枪 5 支，手榴弹和被服一批。当部队凯旋时，受到国民党李江部队及县警等 300 多人的伏击，双方发生激战。陈光远在撤退时被敌军子弹击中，当场牺牲。凶残的敌人割下他的首级，挂在朗底桥头的木患树上“示众”。陈光远牺牲时年仅 25 岁，为中国人民的革命事业抛头颅、洒热血，他永远活在恩平人民的心中。

第三节　航空救国英雄

冯如（1884—1912年）原名冯九如，出生于恩平牛江镇杏圃村，是中国第一位飞机设计师、制造者和飞行家。2009年5月25日，纪念中国航空百年和空军成立60周年活动在北京举行，活动上，冯如被誉为“中国航空之父”，以表彰冯如对中国航空事业所作的巨大贡献。

冯如8岁就读私塾，天性聪颖，常于课余制作车船等玩具，惟妙惟肖，曾制作一个较大风筝，将两个小木桶送上天空，传为美谈。清光绪二十一年（1895年）冯如赴美国旧金山，从当童工起步。目睹发达国家的先进科学技术后，他发奋学习英文，为研制机器作准备。1899年，冯如16岁，奉父母之命回乡结婚。翌年，冯如辞亲再赴美，在纽约一家船厂当工人，随后又辗转发电、机器制造等工厂，接触到更多机器。工作之余，冯如或学习英文或刻苦钻研机器制造技术，经过10年的磨炼，冯如先后制造出小型发电机、抽水机和打桩机等机械。尤其是，冯如还制造了一批有线电话机和无线电话机，在奥克兰唐人街建起了电话通讯网。

1903年，莱特兄弟研制飞机并试飞成功，冯如深受触动。1904至1905年，日、俄为争夺东三省资源，在当地疯狂厮杀，国土被践踏，同胞遭蹂躏，冯如义愤填膺！他立誓要制造飞机，回报祖国。1906年，冯如从纽约重返旧金山，租店从事机器制造与销售。台山县（现台山市）籍青年朱竹泉，对冯如高超的机器制造技术十分钦佩，拜冯如为师，两位热血青年常谈论国家兴亡大事。冯如说："日、俄在东北三省的战事对我国非常不利。在这个竞争激烈的时代，飞机是军事上万不可缺的武器。如能制造一千几百架飞机分守沿海港口，内地可保无虞。"从此，冯如广泛搜集制造飞机和驾驶飞机的技术资料，开始研制飞机。冯如制造飞机、航空救国的计划，得到朱竹泉等友人和富有华侨的支持。1908 年 5 月，冯如在奥克兰东九街 359 号租了房屋作厂房，定名"广东制造机器厂"，开始研制飞机。经过一年多的艰辛努力，冯如在 1909 年 9 月初，制成一架可以载人的动力飞机（从发动机到零部件都是自主制造），并于 1909 年 9 月 21 日傍晚正式试飞成功。飞高 3 至 4. 5 米，航程约 0. 8 千米。冯如深受鼓舞，乘此机会招股，将广东制造机器厂扩充为"广东制造机器公司"，自任总机器师，负责技术工作。

广东制造机器公司成立后，资金较为充裕，人员和机械设备也相应增加，冯便开始研制马力更大的飞机。经过几次失败后，1911 年 1 月冯如终于制成一架"顿异前制"式的飞机，并于同月 18 日试飞成功，飞行历时 4 分钟。试飞成功后，冯如针对存在问题，继续改进技术，最后达到时速 105 千米，航程 35 千米，飞高 110 米的技术性能。

当时孙中山领导的民主革命运动正蓬勃发展，革命武装起义风起云涌，清政府已处于风雨飘摇之中。两广总督张鸣岐想聘用冯如为其建立航空部队，增强实力，遂于 1911 年 1 月下旬电召冯如回国，许以破格录用。冯如见"成一绝艺以归飨祖国"的心愿已达，乃谢绝美国人的重金聘请而接纳张鸣岐之请，将公司改名为"广东飞行器公司"并迁回广州。归国前夕，冯如在奥克兰表演飞行，当时正在美国宣传革命及筹募起义经费活动的孙中山，闻讯前往参观，对冯如之成就赞赏不已，遂以救国为题，劝冯如把才智献给祖国。在孙中山的感召下，冯如改变初衷，拒绝清政府委派的职务，于 1911 年 3 月把公司迁回广州，为发展祖国的航空事业效力。公司驻地和飞机场设在广州市郊燕塘。1912 年 8 月 25 日，冯如在广州燕塘驾机表演飞行，飞高约 36 米、飞程约 8 千米，但由于操作失慎，不幸人机俱坠。冯如头、胸等重要部位均受重伤，送医院抢救不治。冯如临终前将失事原因简单地告诉助手，并勉励他们“勿因吾毙而阻其进取心，须知此为必经之阶段”，言讫而逝，时年仅 29 岁，葬于黄花岗七十二烈士墓侧。

岑泽鎏，1912 年出生于江洲（现君堂镇）大安里村一个华侨家庭，1933 年在广东省航校毕业，先后被编入广东空军和中国空军。由于英勇善战，屡立战功，逐步晋升为全国空军集尖大队——第五大队副队长。从 1932 年至 1941 年间，岑泽鎏参加对日空战达 10 次，其中著名战役有南京会战、开封空战、保卫武汉战、兰州空战和成都会战。在南京会战中，作为日军“王牌”的木更轰炸机袭击南京、杭州，岑泽鎏同队友奋起出击，击落敌机 6 架，中国空军无一损失，以“6∶0”的佳绩大捷。为纪念南京会战胜利，8 月 14 日被定为中国“空军节”。1941 年 3 月 14 日，百多架日机疯狂袭击成都，岑泽鎏率队飞天歼敌，击落敌机多架。在战斗中，他血洒长空，光荣牺牲，时年 29 岁。岑泽鎏在抗日战争中，率队击落敌机 45 架，单独击落日机 6 架，与僚机合作击落日机 5 架。为表彰岑泽鎏的功绩，当时，全国航委会把成都机场命名为“泽鎏机场”。

黄泮扬，恩城南昌村人，1932 年 5 月毕业于美洲华侨航空学校，1932 年 8 月回国，先后任空军中队长和大队长。1937 年 7 月 7 日，卢沟桥事变爆发，中国进入全面抗战时期。面对日军的凶恶残暴，他无比愤恨，矢志报国。1937 年8 月14 日，日机入侵上海，他从南京机场驾机迎击来犯之敌。在江苏句容上空与三架敌机对峙，敌机先发制人，开枪扫射，他机智地装作被击伤，驾机徐徐下降，接着运用平生绝技，勇猛往上一冲，直超敌机，沉着举起神枪，瞄准射击，命中一架敌机油箱，当场爆炸，并波及旁边的另一架敌机。这一突击可谓“一箭双雕”，即通过射击命中一架敌机油箱，致使两架敌机同时机毁人亡。1939 年 2 月22 日至23 日的两天广州空战中，黄泮扬率机队击落日机 15 架。骁勇善战的黄泮扬以辉煌战果，显示了中华儿女同仇敌忾的磅礴气概。

梁汉一，圣堂镇歇马村人，1917 年出生于美国；**郑金源**，君堂镇简头坪村人，出生于1904 年，这两人同是“中国空军美国志愿援华航空队”（简称“飞虎队”）飞行员。飞虎队于抗战期间担负中国战场的国际交通大动脉，即滇缅公路北、南两端的枢纽——昆明和仰光的空中防务的重任，还帮助中国运送抗战物资。1941 年 12 月12 日至23 日，飞虎队击落敌机 33 架。梁汉一、郑金源在飞虎队勇猛作战，战绩可嘉，为中国人民抗日胜利作出宝贵贡献。后来，梁汉一晋升为美国空军准将。在昆明驻扎期间，他曾驾机飞临恩平上空，以慰思乡之情。1972 年，梁汉一驾驶美国总统专机空军一号，载尼克松总统访华，受到毛主席的接见。1987 年他如愿回到家乡恩平观光。

潘泽光，恩城大松岭水壳井村人，1913 年 11 月 10 日出生，1930 年考入广东航校。1938 年，抗日战争爆发后，他于 1938 年任湖南衡阳空军总站作战和航务课课长。1942 年，潘泽光协助飞虎队对日作战，记功 8 次。1942 年九月间，敌机乘机场午膳之机进行偷袭，他果断指挥机场的飞机起飞，使 30 多架飞机免遭敌机偷袭。潘泽光足智多谋，屡立战功，是一位出色指挥员、战斗员。

卢传铭，1906 年出生于东成镇六斗田村，他是航校出身的专业飞行员。1937 年，抗日战争全面爆发后，他参加中国空军，为国效劳，抗击日军，卢传铭主要负责护送空勤和地勤人员，将伤兵送到后方医院医治，运送作战物资、药品以及传送命令和汇集款项到前线和抗日游击根据地。他还运载国共和谈代表董必武、叶剑英、聂荣臻、林彪、邵力子等人转战抗日前线。中华人民共和国成立前夕，他在香港参加两航起义，率领飞机，回归祖国。

冯积良，牛江镇六屋村人。抗日战争爆发后，他决心做“蓝天卫士”，保卫锦绣山河。1938 年 8 月一天早上，日军飞机轰炸广州天河机场，冯积良奉命迎击，因警报延误，敌机飞到天河机场上空才响起警报，敌机因而有居高临下的优势，冯积良在仓促间凌空而上，不幸中弹，人机俱毁，成为广州空战的第一位为国捐躯者。

第四节 革命烈士英名录

（截至 1949 年 10 月）

第一、二次国内革命战争时期

姓名	性别	籍贯	牺牲时间和简要事迹
梁福齐	男	圣堂水松塘村	1924 年在广州参加工人运动，1925 年 9 月被捕牺牲。
冯进栋	男	圣堂东头村	1924 年在广州参加工人运动，1925 年 9 月被捕牺牲。
梁荣成	男	圣堂龙塘村	1924 年在广州参加工人运动，1925 年 9 月被捕牺牲。
梁秀双	男	圣堂龙塘村	1924 年在广州参加工人运动，1925 年 9 月被捕牺牲。
梁楫伦	男	圣堂龙塘村	1924 年在广州参加工人运动，1925 年 9 月被捕牺牲。
梁虾仔	男	圣堂长安村	恩平农民自卫军战士。1927 年 9 月 14 日参加恩平农民暴动，在攻打恩城时牺牲。
梁如光	男	圣堂长安村	恩平农民自卫军战士。1927 年 9 月 14 日参加恩平农民暴动，在攻打恩城时牺牲。
梁和昌	男	圣堂长安村	恩平农民自卫军战士。1927 年 9 月 14 日参加恩平农民暴动，在攻打恩城时牺牲。
梁扶来	男	圣堂长安村	恩平农民自卫军战士。1927 年 9 月 14 日参加恩平农民暴动，在攻打恩城时牺牲。

（续上表）

姓名	性别	籍贯	牺牲时间和简要事迹
梁金珍	男	圣堂水松塘村	恩平农民自卫军战士。1927年9月14日参加恩平农民暴动，在攻打恩城时牺牲。
梁绍荣	男	圣堂水松塘村	恩平农民自卫军战士。1927年9月14日参加恩平农民暴动，在攻打恩城时牺牲。
梁荣桧	男	圣堂塘皋村	恩平农民自卫军战士。1927年9月14日参加恩平农民暴动，在攻打恩城时牺牲。
吴德成	男	沙湖塘下村	恩平农民自卫军战士。1927年9月14日参加恩平农民暴动，在攻打恩城时牺牲。
梁　三	男	圣堂澄溪里村	1927年12月11日在广州起义中牺牲。
吴尧栋	男	圣堂北岛村	1927年12月11日在广州起义中牺牲。
梁添连	男	圣堂北岛村	1927年12月11日在广州起义中牺牲。
梁维友	男	圣堂北岛村	1927年12月11日在广州起义中牺牲。
郑权泮	男	牛江东边朗边	1927年12月11日在广州起义中牺牲
侯均国	男	君堂沙岗村	1926年参加广州工人自卫纠察队，1927年被捕牺牲。
冯炎国	男	圣堂山爪村	中共恩平县委委员。1928年秋，从广州送信至顺德途中被捕就义。
梁自钦	男	圣堂歇马村	1929年在广州参加革命，1932年在石岐镇被捕就义。
郑挺秀	男	圣堂君堂村	中国文化总同盟广州分盟成员。1934年在广州被捕就义。

抗日战争时期

姓名	性别	籍贯	牺牲时间和简要事迹
梁灼松	男	东成狗腩村	广东人民抗日游击队东江纵队连长，共产党员。1943 年在东莞县遇日军飞机轰炸牺牲。
梁仕庆	男	东成松山尾村	广东人民抗日游击队珠江纵队战士，共产党员。1944 年在中山县五桂山战斗牺牲。
何女家	女	牛江南岗村	地下交通员。1944 年底送信至鹤山县途中遇害。
郑兆林	男	君堂大湾村	恩平民众抗日自卫游击队队员。1945 年 1 月 27 日在攻打恩城税警战斗中被捕牺牲。
郑作源	男	君堂大湾村	恩平民众抗日自卫游击队队员。1945 年 1 月 27 日在攻打恩城税警战斗中被捕牺牲。
梁　农	男	圣堂尚禾塘村	恩平民众抗日自卫游击队队员。1945 年 1 月 27 日在攻打恩城税警战斗中被捕牺牲。
陈光远	男	君堂曲龙村	恩平民众抗日自卫游击队中队长、共产党员。1945 年 2 月 8 日在朗底水迳战斗中牺牲。
陈连享	男	圣堂南庄村	恩平民众抗日自卫游击队队员、共产党员。1945 年 2 月 8 日在朗底水迳战斗中牺牲。
吴福农	男	附城禄岗村	恩平民众抗日自卫游击队队员。1945 年 2 月 8 日在朗底水迳战斗中牺牲。
吴文显	男	沙湖上凯岗村	恩平民众抗日自卫游击队队员。1945 年 2 月 8 日在朗底水迳战斗中牺牲
禤喜伦	男	圣堂隔巷村	共产党员。1945 年在中山县被捕牺牲。
吴松柏	男	良西热水村	恩平民众抗日自卫游击队队员。1945 年 5 月 17 日在洗马潭战斗中牺牲。

（续上表）

姓名	性别	籍贯	牺牲时间和简要事迹
余自生	男	恩城镇	开平县荻海第四区区委书记、共产党员。1940 年就医时被特务暗害致死。

解放战争时期

姓名	性别	籍贯	牺牲时间和简要事迹
梁　稳	男	朗底塘背村	广东省人民抗日解放军五团战士。1945 年 10 月 22 日在朗底战斗中牺牲。
梁荣儒	男	朗底塘背村	广东人民抗日解放军五团战士。1945 年 10 月 22 日在朗底战斗中牺牲。
莫　和	男	朗底塘背村	1945 年 11 月，朗底战斗后，国民政府部队继续搜捕游击队和地下工作人员，逼迫莫和交出他两个参加游击队的弟弟，莫和不从，遂被枪杀。
莫伯来	男	朗底塘背村	广东省人民抗日解放军五团战士。1945 年 10 月 22 日在朗底战斗中牺牲。
梁荣祥	男	朗底塘背村	地下交通员。1945 年 10 月于朗底战斗中牺牲。
郑法仔	男	大田下炉塘村	朗底地区交通员。1947 年在清湾佛仔迳被捕牺牲。
梁柏贤	男	朗底塘背村	新恩人民保乡自卫大队战士。1947 年 6 月 24 日在尚禾塘突围时牺牲。
梁　甘	男	那吉狮子岗村	1947 年 6 月参加革命，10 月 25 日在恩平县境被国民党杀害。
梁章伙	男	朗底福堂村	朗底武工队队员。1947 年 4 月在大田被捕牺牲。

（续上表）

姓名	性别	籍贯	牺牲时间和简要事迹
冯华善	男	牛江马龙塘村	沙湖武工队队员。1949 年7 月在牛江地区牺牲。
梁玄进	男	朗底清油村	朗底地区交通员。1947 年6 月在朗底被捕牺牲。
梁章林	男	朗底沙连岗村	朗底地区交通员。1947 年6 月在朗底被捕牺牲。
梁章盛	男	朗底沙连岗村	朗底地区交通员。1947 年6 月在朗底被捕牺牲。
梁盛长	男	朗底清油村	朗底地区交通员。1947 年6 月在朗底被捕牺牲。
梁九女	男	朗底集凤岗村	朗底地区交通员。1947 年6 月在朗底被捕牺牲。
梁伟池	男	圣堂蟠龙村	新恩人民保乡自卫大队战士。1947 年 11 月 12 日攻打圣堂警察所时牺牲。
梁柱林	男	圣堂古梨塘村	游击队员。1946 年在台山县大隆洞牺牲。
张苟明	男	沙湖和平村	尖鹤人民救乡独立大队战士。1948 年 1 月 21 日在蕉园战斗中牺牲。
张锡广	男	沙湖和平村	尖鹤人民救乡独立大队战士。1948 年 1 月 21 日在蕉园战斗中牺牲。
张进华	男	沙湖和平村	尖鹤人民救乡独立大队战士。1948 年 1 月 21 日在蕉园战斗中牺牲。
梁维雄	男	沙湖和平村	尖鹤人民救乡独立大队战士。1948 年 1 月 21 日在蕉园战斗中牺牲。

（续上表）

姓名	性别	籍贯	牺牲时间和简要事迹
梁介兴	男	沙湖和平村	尖鹤人民救乡独立大队战士。1948 年 1 月 21 日在蕉园战斗中牺牲。
祝清湖	男	沙湖新东成村	尖鹤人民救乡独立大队战士。1948 年 1 月 21 日在蕉园战斗中牺牲。
郑光荣	男	君堂琅/三山村	江南武工队队员。1948 年 3 月在良西马鞍里被捕，在均安市就义。
吴柱宽	男	牛江南岗村	良西武工队队员。1948 年 3 月在良西战斗中牺牲。
唐仍泮	男	君堂大门朗	恩平江南大队副班长。1948 年 5 月在金鸡大网山战斗中牺牲。
吴奕埠	男	沙湖上凯岗村	恩平江南大队战士。1948 年 5 月在金鸡大网山战斗中牺牲。
吴进法	男	沙湖上凯岗村	恩平江南大队战士。1948 年 5 月在金鸡大网山战斗中牺牲。
梁华广	男	那吉聂村	恩平江南大队战士。1948 年 5 月在金鸡大网山战斗中牺牲。
吴厚达	男	沙湖企龙村	沙湖地区交通员。1948 年 6 月被捕牺牲。
吴均朋	男	良西潭流村	良西武工队队员。1948 年 7 月，恩平县保警队“扫荡”良西竹闩村时牺牲。
吴福竣	男	附城禄岗村	广阳支队五团战士。1948 年 7 月，恩平县保警队“扫荡”良西竹闩村时牺牲。
冯　宋	男	牛江莲华村	沙湖武工队队员。1948 年 8 月 15 日在鸡啼营战斗中牺牲。

（续上表）

姓名	性别	籍贯	牺牲时间和简要事迹
黎望友	男	那吉黄榄角村	黄榄角交通站站长。1948 年 9 月 12 日被捕就义。
黎　新	男	那吉黄榄村	清那地区武工队员。1948 年 9 月 12 日被捕就义。
梁长德	男	那吉新村	清弯沙岗鲤鱼冲交通站长。1948 年 9 月 13 日被捕就义。
黄志恒	女	中山三乡	中共恩平江南武工组组长。1948 年 7 月 19 日被捕就义。
黄飞	男	花都新华区	粤中新恩开总队长。1948 年 12 月 28 日在恩平沙湖战斗中牺牲。
梁士长	男	朗底集凤岗村	朗底地区交通员。1948 年 9 月 25 日被捕就义。
梁长喜	男	朗底沙莲岗村	朗底地区交通员。1948 年 9 月 25 日被捕就义。
李银稳	男	沙湖乌石村	沙湖武工队员。1948 年 10 月在乌石战斗中牺牲。
黄伯源	男	朗底高基村	尖鹤武工队员。1948 年 12 月在尖石地区战斗中牺牲。
梁　缵	男	圣堂塘皋村	游击队员。1948 年在新兴县牺牲。
梁　伦	男	朗底塘背村	游击队员、共产党员。1948 年在罗定县金鸡大网山战斗中牺牲。
甄环仔	男	附城平塘村	游击队员。1948 年 8 月在云浮作战中牺牲。

（续上表）

姓名	性别	籍贯	牺牲时间和简要事迹
梁造芹	男	朗底高基村	游击队员。1948 年 8 月在新兴县作战牺牲。
梁九俊	男	附城黎村	游击队员。1948 年在开平长沙被捕就义。
郑福胜	男	君堂三山村	三罗支队战士。1948 年 12 月在新兴县辰岗战斗中牺牲。
梁松根	男	尖石黎塘村（现属开平）	尖鹤人民救乡独立大队战士。1948 年在蕉园战斗中牺牲。
张　青	女	君堂黎塘村	西江游击队员。1948 年在广宁县被捕就义。
廖全万	男	大槐	中国人民解放军战士。1949 年 1 月在信宜县茶岗战斗中牺牲。
梁新喜	男	附城鲤鱼冲村	广阳支队五团战士。1949 年 3 月在那吉战斗中牺牲。
吴　宽	男	沙湖上凯岗村	广阳支队五团红星连一排副排长、共产党员。1949 年 7 月 8 日在镬盖山战斗中牺牲。
谭　植	男	那吉向阳村	广阳支队五团红星连战士。1949 年 7 月 8 日在镬盖山战斗中牺牲。
吴炳林	男	沙湖长安村	广阳支队五团红星连战士。1949 年 7 月 8 日在镬盖山战斗中牺牲。
李松添	男	东安龙安村	广阳支队五团红星连战士。1949 年 7 月 8 日在镬盖山战斗中牺牲。
吴　浓	男	良西潭流村	广阳支队五团红星连战士。1948 年 7 月 8 日在镬盖山战斗中牺牲。

（续上表）

姓名	性别	籍贯	牺牲时间和简要事迹
郑池旺	男	君堂三山村	广阳支队五团红星连战士。1949 年 7 月 8 日在镬盖山战斗中牺牲。
谢旋德	男	沙湖龙如山村	广阳支队五团红星连战士。1949 年 7 月 8 日在镬盖山战斗中被捕，后在开平荻海矮岭庙就义。
莫　彬	男	朗底塘背村	广阳支队五团红星连战士。1949 年 7 月在七堡里被捕就义。
苏　宙	男	开平龙胜崇安村	广阳支队五团红星连战士。1949 年 7 月 8 日在镬盖山战斗牺牲。
关　森	男	开平赤坎古塘村	广阳支队五团红星连政治服务员。1949 年 7 月 8 日在镬盖山战斗中牺牲。
吴佳盛	男	沙湖上凯岗村	上凯岗民兵班长。1949 年 7 月在县保警大队“扫荡”上凯岗时牺牲。
郑义明	男	东成东和里村	广阳支队五团战士。1949 年 7 月在现夹水战斗中牺牲。
梁耀南	男	那吉石湾村	那吉游击队队员。1949 年 9 月在那吉洞仔岭战斗中牺牲。
吴　万	男	沙湖横陂村	横陂村农会会长。1949 年被捕牺牲。
梁统杰	男	那吉龙咀里	广阳支队五团战士。1949 年 8 月在与那田自卫队作战中牺牲。
梁创德	男	那吉地古田村	那吉地区交通员。1949 年 9 月在田口村战斗中牺牲。
黎金积	男	那吉大朗村	那吉地区交通员。1949 年 8 月在那吉聂村战斗中牺牲。

（续上表）

姓名	性别	籍贯	牺牲时间和简要事迹
梁荣稳	男	附城平富岗村	第三野战军战士。1949 年在北平战斗中牺牲。
梁容兴	男	君堂君堂村	滨海总队江南区队战士。1949 年 10 月在黄竹塘战斗中牺牲。
何池锐	男	洪滘龙塘村	游击队员。1949 年 8 月在阳江县龙潭战斗中牺牲。
梁　甘	男	那吉区潭角乡狮子岗村人	游击队员、那吉武工队队员。1947 年 10 月 25 日在恩平县境被敌人杀害。

7

第七章

红色印记永存　薪火相传弘扬

第一节 历史文献[①]

一、中共广东省委给恩平特支的信

——关于组织、宣传、斗争问题、职工运动的指示

1928年11月26日，根据革命斗争形势发展的需要，中共广东省委决定，将恩平县的党组织划归新会县委领导。中共恩平县工委改称特支干事会，后又改称恩平特支委员会（简称“恩平特支”）。1929年4月25日，中共广东省委给恩平特支发出《指示信》[②]，肯定恩平党组织工作成绩，指出存在问题，并对今后工作开展作出具体指示。《指示信》原文如下：

恩平特支转各同志：

冯同志[③]来省委已与他详细谈过，关于恩平工作有详细讨论，（但）省委仍有下列的指示：

一、过去特支工作可算是有相当（的）工作表现，如党的发展和群众的组织等，但在工作进行中仍犯了不少的错误。

---

① 本节所引用之历史文献为原文照录，原文若有错漏之处，敬请读者谅解。

② 摘自恩平县地方志编纂委员会编：《恩平县志》，方志出版社2004年6月版。

③ 冯同志，指冯燊。

二、党的组织不健全：

（一）党的组织：虽有三个支部、三十多同志，但对于教育方面仍然缺乏。同时特支有四个多月没有参加支部会议，所以对于支部内很多实际情形还不大清楚，恩平工作没有整个计划，特支开起会来都是单注意到一两个乡村的工作，这是很大的缺点。

（二）职工运动的忽略：全国六次大会坚决的指出，第一个革命高潮已经过去，第二个高潮快要到来的时候，在目前，党的任务是争取广大群众到党的周围，主要的工作是职工运动。假使特支以为恩平没有重要的工人或都是商人的亲属，而忽略了这部分工作，是错误的。在恩平有第二个江门的三埠①，那里（的）铁路工人和苦力工人及恩平公路的汽车工人等工人群众，在恩平占了重要位（置），这是你们应该知道的（并须）加以注意的。

（三）兵运的忽略：你们认为恩平没有军队的驻防便没有白色军队在恩平，这是错误的。兵士运动的工作除了敌人的军队外，对于农村里的民团、警卫队亦要加紧注意。因为我们的工作不单是工农运动，我们要夺（取）政权，便要取得（工农群众），还要取得广大的兵士群众在党的周围，才能够成功。关于黄业同志组织乡同盟会，亦可继续存在，但要有经常的政治训练。

三、有了如上的工作错误，省委对你们今后的工作应有如下的做到：

（一）党的组织：特支干事会改为特支委员会。我们的意见以冯燊、黄业、明见三同志为党委，以冯为书记，业为组织，明为宣传。委员会仍五人组织，余两人由你们选定组织之。常委应有经常的分工，集体的指示和巡视各支部的工作。在现在的环境下，你们全体委员会每月可开一次或两次（会）。经常工作可由常委决定之。

---

① 三埠当时归恩平党组织管辖。

（二）健全支部问题：支部的组织是我们党的基本组织，如支部不健全便不能够在群众中起核心作用，便不能够争取广大群众，所以支部应有经常的开会，讨论支部所在地的一切问题。我们的口号是一切工作归支部。同时，支部内应做到同志的分工，要每一个同志在一周内无论工作之大小都有党的工作任务，这是教育训练同志的主要工作，同时要征收党费，使同志们维持党的观念，但不能过高征收（可参考组织通告），这是非常重要的。

（三）群众组织：你们所定的“保耕安种会”是非常之对的，但应当注意训练工作，要使这个组织完全成为阶级的组织，才是正确的方法。同时这会内的职员尽量给非同志负责，关于这个会的“总理”名称，有可能时亦须改变过来，便要看群众同意与否，或改为“干事会”“委员会”等不一定。

（四）斗争问题：在恩平的群众，目前确有斗争的要求，农民之反对超耕，工人之组织工会等，但你们对于斗争的口号和方式还是有不正确的。我们斗争（的）口号，“不超耕”是对的，但“和平减租”的口号是不正确的，有意无意帮助了资产阶级的改良主义的欺骗宣传。我们应在群众中解释这个问题，应改为“互助减租”较为妥当。同时你们的方法是消极的减租运动，不是积极利用种种问题发动日常的斗争。如“不超耕”的问题，我们便可发动群众做日常的斗争了。开始是一家或两家的农民减地主的租，如地主不同意时我们便扩大至一乡或一区，甚至一县都有可能的。所以目前你们的中心任务是在军阀战争底下发动群众起来反对军阀战争，日常的斗争与反军阀战争相联系。除了反苛捐（杂）税外，“不超耕”便是目前发动群众斗争的主要口号。你们接到此信后，应定出详细的发动斗争的计划去执行，并报告来省委。

（五）职工运动，应加紧注意：恩平公路和三埠的铁路工作及苦力工人，就是你们的主要工作。公路已有黄业同志在，可加紧的指示他去工作，但未有同志的地方，应想出种种办法和计划，打进没有我们组织的地方去活动，尤其是铁路工人。据王同志报告，台山公路广东机器工会派人来组织汽车工人分会，这是我们应该加入去组织，但要注意下层群众工作，并指出总会是欺骗工人的，工会要由我们自己去组织，去负责任。如厂主对工人组织工会压迫时，我们利用这事情做一斗争运动，而提高工人的革命情绪。总而言之，这部（分）群众要在黄色工会的组织内争取过来。

（六）宣传是非常重要的，但现在（少）人力、财力，尚无法出版刊物，但特支应最（低）限度的做到（对）同志动员的口头宣传，这是非常重（要）的。特支可根据省委的政治通告，定出简要的宣传大纲给同志做宣传材料。特支要认清宣传工作的重要，有可能须作文字的宣传，你们不要真以为散发传单标语后会受敌人压迫，就避免文字宣传工作，只要我们技术工作做得好，是没问题的。

（七）其他：

1. 请速派人去找黄业同志，（请）他来参加特支工作（地址已面告冯燊同志）。

2. 关于特支经济问题，在现在不能独立时省委临时决定（给）你们每月十元的津贴，只津贴两个月。两个月后要独立自筹。现在你们应准备经济独立起来，才是正确的办法。

3. 职工工作的经济，省委亦决定每月（给）十元，但不能拿作党用，要用在职运方面，亦只津贴两月，两月后要独立自筹为要。职工经费主要的要用在铁路工作的活动上，并要决算报告省委，否则即作党费开支，将下月党费、职费停止作抵，请注意。

4. 你们接收刊物应定一较为妥当的地方，以后省委经常的送刊物、信（给）你们。

省　委

一九二九年四月二十五日

二、吴有恒《关于南路情况给中共广东区党委的报告》[1]

1946年12月，中共广东区党委贯彻中央关于恢复广东武装斗争的指示，并提出“实行小搞，准备大搞”的方针。温焯华（南路特派员）在香港把中共广东区党委关于恢复武装斗争的方针写信告知吴有恒（时任南路副特派员）。1947年1月22日，吴有恒在湛江赤坎召开遂、廉、化、吴等县特派员会议，传达中共广东区党委关于恢复武装斗争的决定，学习《解放日报》社论《燎原之火》和《周恩来纵论大局》等文章。会议提出，以广东的廉江和广西的博白边境山区为中心，逐步建立粤桂边根据地。会后，吴有恒写报告给中共广东区党委（该报告中称为“区党委”），汇报南路工作情况。《关于南路情况给中共广东区党委的报告》全文如下：

温同志转区党委：

别后月余，现各地工作如常联系，没有什么大损失，合浦方面旧历年十二月下旬亦有人来过。你去后第一次来信，我开始在高雷两地作过进一步布置，接吴[2]带回信后，最近又亲见了化、遂、高方面三人，详细讨论布置。最近拟要派人去合浦，化、遂部队现在发展中，廉、高平常。现分别报告如下：

一、敌情方面，各县敌之兵力，无甚增加，据琼崖调来一个保安大队据称仅到了一个中队，据报纸上说其任务是拱卫湛江，兼防南路；又广州方面最近调来一个保安中队，闻其军官闲言谓

① 摘自中共恩平县委党史办公室编印：《梅骨玉魂上凯人》，准印证：〔2003〕江字第011号。

② 吴，即中共广东区党委交通员吴德中。

将调一个总队来，人数2 000人，未知确否。目下这两个中队，外来兵都驻湛江，未去各县。目前化县县长告诉各乡长云："不要期望有正规军来了，一切要靠我们自己。"各县长中以化县"剿匪"最积极，他计划将其原有的警察，5个中队扩充为7个中队，每个中队由原有的五六十人扩充至90人，即将县警扩充至600人以上，以2个中队守城，5个中队轮流出动各乡扫荡，每乡停留不超过3天，并云"每乡组织40人乡队，全县有乡队1 600人，加上各保队，连县警，共有3 000兵力，化县奸匪最多70人，且都是短枪的，何愁不能扑灭?"这只是他的想法。目前他只有5个县警中队，以两队守城，3队轮流去各区扫荡而已。化县各乡队多已组织起来，人数三四十人，化南各乡队一般不敢积极反动，化北有两乡较积极，化南保卫队，大多要求与我来往，遂海、廉江、高州等县兵力未见扩充。目下茂北又拟组联防队，尚未组织成。合灵据丁①来信，亦无增加，合浦有县警400，灵山300。照我的估计，敌是可能再调一个保安团来的，但即使再调一两个团来，也只能集中去各县轮流扫荡，想分兵去防卫各县是防卫不住的。月来因我各地渐渐积极动作，敌各地方团队、乡保人员更为动摇。前月我遂溪海队在徐闻麻罗港搁浅，被警察来检查，我先发制人，打死了两个警察，俘获一船军米而归，此事震动海、徐。海康有个乡长，告诉乡兵，以后凡遇有年青生面人，切莫去检查他，以免惹事。又吴川程队②派人去塘缀，打猪税佬，路上被乡兵检查，我即开枪击毙其2人，最近遂队袭沈塘以后，影响更大。化南有一乡长原较反动，我去信问他要和要战（?），要战则要把家眷都搬到乡公所筑起堡垒来，要和则答允我之条件，24

---

① 丁，指中共钦廉四属特派员。

② 程队，指程耀连武工队。

小时内答复，结果只好依期来了。目前的情势是我声势渐大，对敌下层组织威胁更大，故其下层较前动摇，而其上层则更着急，更积极，化县的情况是如此的。

二、我之武装力量，随着近来的积极活动，已在逐渐恢复中，现分开来讲。

（一）化县方面，目前尚未恢复至九月前数量，你走了后，我共见了高棠[①]（唐）两次，第二次是旧历新年，几天前他才回去。化州在前次敌扫荡中，失去步枪统计百余支，机枪一挺，我尚存步枪仅100支，计化南60，化东南20，吴川10余，化北长枪是全失了，除黄飞丢了的外，其余是被抢去的。

这些情况你过去已知，你走后我曾叫高棠（唐）将吕部[②]集中回化南，重建长枪连，比较集中活动。但因干部思想一时难变过来，因此直到去年旧历下旬始集中回来，挖出20余支长枪及机枪1挺，又新买了1挺，共2挺，在化南活动。12月下旬化南我总计吕部30余人，别动军（全驳壳）12人，另其他带枪人员10余人，共有60余人。化东南中队35人全部驳壳，配冲锋机1支。化北黄队12人，吴川程队15人，俱短枪，总计去年12月底化州只有武装人员120人，轻机2挺，冲锋机1支，驳壳70余支，步枪20余支，尚有步枪70余支未挖出来用。去年旧（历）十月二十二日，我把《解放日报》社论《燎原之火》（中）周恩来同志关于半年来作战目标的谈话，写给高棠（唐），在化南几个干部开会讨论过，情绪更兴奋些。他们原预定在旧历正月底集中2个连100人，合短枪共200人，2个月内扩大队伍，总数300人以

① 高棠，中共化吴特派员唐多慧（又名唐彪）。

② 吕部，指吕剑屏武工队。

上。第一步是把原有的长枪挖出来集中于化南，以振志[①]及崩口仔[②]分任连长，配轻机2挺，活动于化南、吴西北、化廉边境一带，准备首先以实力开辟此纵横百余里地区的工作；化中以及化北，暂未组织长枪队。准备布置袭击两个乡队，解决些枪，扩大影响，数月前已袭击了长版乡公所。高棠（唐）未有信来，据一来买物之队员云，缴得轻机1挺，步枪10余支，国民党报纸上已载此事，当是属实了。

化州部队活动，以化中部队最活跃积极，情绪亦较好，与化北、化南不同，因他们始终是小股活动，没有过如化南化北的集中扩大时期，因此在前几次大扫荡与分散掩蔽中，未十分影响情绪，而国民党正规军一撤走，为了搞经济，他们出动的较多，故目前情绪较好。前月打电船，打死了化州党部书记苏大德及1个连长带士兵4人。12月下旬打东营（至）梅菉车，因该车上有军队，廉江县警一个班9个人顽抗，展开对战，被我全部歼灭，毙8人，伤1人，缴枪9支，另打死了其科长、主任等3个人。此役人心大振，我队战斗技术比前亦有进步。

化州部队要2个月内发展至300人，尚须搞百余条枪，预算想在袭击、伏击战中缴获45支，其他因为数月前他以收枪的办法解决。以前我们原拟收取之枪，因执行长期掩蔽方针停止了的。现决继续去收取，预计2个月当可完成此数，或可超过。我经和高棠（唐）研究过，认为上述之目的是有把握做到的，这几天他们可能购到1支机枪。

遂溪部队旧年底已在泥地集中了1个中队，70人，由区集中了1个中队30余人，该中队长拟于正月初集中到50人，旧（历）

---

① 振志，蒋振志。

② 崩口仔，即叶车扬。

年底时统计遂队共130人，除上述二队外，其他为地方武工队。计西区20人，东南10余，南区10余，派海徐边活动之武工队，被敌袭击，死1人，被俘2人，回来情绪很低，认为这样做法怕不成。我意原拟叫他暂缓回去，但沈①已令他们再去了，未知再出发去了未。部队计划于2个月内武装发展至6个连，预计原有力量集中并设法缴取些枪，可能搞到150人以上。此外叫符部②集中150人，符区被扫荡得很厉害，何麟书部下乡扫荡，凡遇姓符的女子，都被强奸，因姓符女子嫁别人为妻者，亦有被在路上强奸，故许多姓因此都对蒋军不满。但符部因前我叫他集中了又复员1次，颇有损失，现一时联系不起来。……我现决极力抓住这股人马。派阿金③去做政治委员，准备将符部独立为1个大队，我队3个连编1个大队，由黄郑④任大队长，由李⑤任政委。目前部队分在各地集中人枪以后，则全集中到泥地去，准备首先在泥地打开一个局面。目前部队最难者是枪，现仅有步枪100支，此地收枪条件不如化州，在南区及湛（江）市之铺仔太平略有路数，现在又尚未能搞。……25日我部又袭沈塘乡公所，此次又因没有策应部队，故未能全部解决，仅缴步枪10余支，俘其乡长而去，我牺牲队员1人。时敌由雷城派兵去援，我援兵亦至，打了1场，我安全撤退。……经我与他研究，遂部扩大至正规部队200人（2个月内），大致上是没有什么问题，我打算达到500之数，目前亦有此条件，但我盘算一时还未能打得太大。化州方面估计亦可能超过原定计划的。此外遂部尚拟就现各区武工队基础，西

① 沈，指中共遂溪特派员沈汉英。
② 符部，原由日伪军改编，后叛变。
③ 阿金，即金耀烈。
④ 黄，即黄鼎如。郑，即郑世英。
⑤ 李，即李晓农。

东区各建1中队，南区建一二〔两〕个中队。

廉江部队，旧（历）年底接王[①]来信，云拟2个月内发展至200人，缴2条机枪，来信未说到具体搞法，我怕不能完成，已去函提了些意见，并着阿王来此见我。廉部肥王[②]队上山去，不敢在群众中露面，天天住山岭，没得吃，白天去村中给百姓做工，又不敢带长枪，每队只有一二〔两〕个人带有短枪，故意给人看到，其他的人则装有枪样子，队员情绪消沉，无信心……12月底王来信，云黄部已复集回到30人，活动过的村子有百余条了，景况可以有改善些，去年底廉共计有黄部20人，树德队15人，共有人枪40余。9月前廉部原已有70余人，当尚有30支枪埋藏下来，估计2个月内能再组织至150人左右的。此计划尚须与王见面后才能肯定。

（二）高州方面，钟四部[③]撤退云潭后，未曾作过战，住在山上不敢见群众，没饭吃，弄不到钱……部队可说毫无斗争精神，现在也未恢复过来，你去后王老五[④]来报告，说得情势甚严重，什么“山地日夕在敌人扫荡之中”等等，但敌人只在云潭有一县警中队而已，云潭乡兵10余人，经常出动，找〔抓〕去我地方群众地下军的人，我毫无想法对付。我当即去电白见了老王叫他们把队伍拖回丫髻岭，当地敌人没有什么兵，情况尚好，现部队全集中回丫岭，共有50余人。钟部撤后，留覃巴活动之刘仔（杨辉之弟）及欧仔等9人，自动将队伍遣散了……现此队尚未恢复。马踏队由杨负责，亦以遣散待命为名解散了，此队现已恢复，目

① 王，即中共廉江县特派员黄明德。下文的“阿王”同为此人。

② 肥王，即肥黄，黄东明，又名黄海。

③ 钟四部，即钟正书武工队，在中共茂电信活动。

④ 王老五，即王国强，中共茂电信军事特派员。

前在马踏筹款被敌袭击，现亦撤回丫岭。计钟队枪未失去，人现较前共少10余人，目前他们畏首畏尾的现象较别处严重，因干部较弱，隔得又远，领导上不密切，王现提议将部队集中活动回去游击，我原则上同意此议。但认为中心还主要霸住这块山地，在目前是可能在此地区缴一些乡保的枪以及零星收取一些的，打算在云潭把原有的10余支枪动员起来组织1个小队，在覃巴活动，派周亮同志去恢复覃巴队［又高棠（唐）方面尚只有一小队在覃巴活动，由振初之弟带的］与化州方面取得联系，我给王的任务是两月内发展到150人至200人。由阿涂[①]传达此意见与他，并约他出来见我，在未亲见到他时，此计划能否实现尚未把握，估计扩大到100人左右，是可能的。

（三）合、灵方面，据丁旧（历）12月中写的信，云存200人枪，有轻机10挺，冲锋机2支，文法部因文法阵亡，队员星散。现由莫平凡负责此队，收集了50人左右，文法如何阵亡，他未报告及，琼〔谅〕前已向你报告，部队内挑〔逃〕亡之风甚盛，悲观失望，据来信中附谭[②]写的报告尚要贯彻长期埋伏方针，把部队再分散，计灵保持1个50人之主力，合保持1个50人之主力。据其报告，拟分散后统计各队合共只得190人之数了。我当即去函与丁，因我对他非上下级关系又不明具体情况，故只用我个人名义，给他提了意见，叫他负责在2个月内把部队恢复至9月前之数，并告诉他一些化州、遂溪等地的经验，抄《燎原之火》及9省民变两文给他，并提出我对时局问题的一些意见，又把你第一次来信的意见告诉他了。这几天我准备派人带信去给他，

① 阿涂，即中共茂电信特派员涂锡鹏。

② 谭，即谭俊，合灵联络员。

他们与大周[1]仍未取得联络。……目前尚在消沉中，又没有群众工作基础，经济又困难（已经有卖枪换饭吃及卖3支步枪换1支短枪现象发生了）未知能否在2个月内恢复原有力量否，钦、防方面未有报告来，情况未明。

总计高、雷我全部武装人员，目前仅得三百七十八十人，仅约等于9月时化州一县之数而已，合灵部队，亦已减员一半，损失可谓惨矣！目前要恢复原日力量，尚须一番工夫，故建立主力团之议，尚嫌过早。我的意见两个月内先在化、遂、合灵建立3个主力营，主力营建立后，亦不必急于集中于一个地建立为团，而是各营就地放手大胆去发展，扩展为团，此计划得须半年功夫，然后酌量地调精纯集中建立一个更具规模的机动主力团，各地仍有一个地方团。这样，半年以后，便可具有一个军分区的规范，可以霸下一块比较固定的地区，有较正规的政权及其他各种组织。如果安南[2]的主力团回来，则做法可能略有不同，但我以为上述方法，可能更坚实有力些。

又目前正在想法争取些土匪，计化州可能争取得一宗二三十人，电白一宗现较无把握，二三十人，遂溪一宗三四十人，现在尚未准备给他们名义，打算在我主力团发展相当程度时再将他们编入较正规部队内，这样可能把这些土匪部队快点改造过来，此是对目前这几个可能争取之政策。将来我声势更大，可大量收编时，我意见可宽些。

三、其他的工作：各地党的工作无甚变化，不须详述了，如

---

① 大周，即周楠。

② 安南是越南的旧称。“安南的主力团”，以及下文的“安南部队”“安南的人”，均指撤退到越南整训的我南路人民抗日解放军第一团，也称老一团。

要起义，高州之县同志所能起的作用可能很少，前天我见了阿涂，他不知在何地方能掌握到一支半支枪否，仅电白一个村领导了反丁斗争，可能掌握4支枪，准备起义工作早已向他传达（你离湛后我即去过水东），但他对这些工作，可说毫无去做，注意的只是这个教员那个教员的“岗位”，党的领导机关的任务，简直是个小学教员介绍所了。同志们脑子里没有点“做〔造〕反”的观念。……目下高州欠缺的不是这样的人。交给高棠（唐），怕也兼顾不了，真是有点为难。

群众工作，遂、化二地略有做些，化县做得较好，化南我经常活动的有6个半乡完全减了租，其他乡也有部分减了的。在正规军将走之时，卓琮等用减租团名义发了通告，去各村宣读，因过去组织过农会，宣传过，因此能把农民组织起来，扣下应减的租不变，更加上正规军一走，我们地方武工队恢复活动，杀了些反动派，有些地方吓跑了，有些跑了以后又问我能否回来，因此我有条件控制住地主，助长了农民之威，又国民党确有命令到乡公所，因此租便减成了，因为以前组织之农会取消了，他们没有取用农会名义，只用同心会名义，有些地方则还是没有什么名义，也没有组织形式。计由武工队组织之同心会现参加者有万余人，地方同志组织者未详。同心会一般都宣誓饮血，有些还科了会费，准备应付敌人，反丁反粮，决定不再交丁交粮了。因第二期抽丁，有些地方如海康从前700人抽1个，现在抽3个，广州湾原一保2个，现抽7个，一般农民最怕的是抽丁。地方则有些也参加我之抗粮的，化县有些地方参加同心会：因参加了农民可替他放哨，国民党来就跑，这些地主除今年粮外，还欠旧粮，把今年全部收入交去，也未足数，故只好拖下去。据调查化县有些小地主，减租后又要交粮，原有一担租只实2.5斗了，故地主对国民党的征粮，负担很重，对国民党（的）不满更深了。遂溪在泥地，月前开始用联防名，组织了部分乡村。电白马踏附近一个村，有我们的同志，领导到了全村反丁、不肯交丁、交粮、钱，乡公所派兵来捉，被他们打跑了，当时电白领导同志知此事，告诫该村同志不要再搞，不要扩大，现未知是否已被我们“平抑”了，该村附近几条村千余家人亦大部不交丁，本可与之联络，又附近有些村自动发起抗粮斗争，系有些地主搞的，亦可联络，现虽已由涂告钟去纠正，但恐此事已大事化小，小事化无了。

各地原来是没有什么群众工作的，现在也还是这样。大约化、遂两地斗争尖锐些，无论怎样，也要做些，不然就掉命了，因此有些成绩。而其他各地，因环境安定，不做也成……

目前我们尚未敢提出政权问题来，因未知你们的意见，如要大搞，此是不能不弄起来的，目前我叫各地凡我武装行动所及之地，在群众中公开组织抗丁、抗粮，组织抗丁抗粮委员会，工作方法如以前我叫化县覃巴等组织农会方法相同，要想使抗粮委员会实际成为支配乡村的机关，迫国民党乡保人员为两面派，在化南及遂溪泥地地方，则准备两个月后公开解决了该地之国民党乡保组织（不是屠杀而是取消），建立一面的抗委会。我以为由武装队伍活动组织之农会工作，如数月前在化县等地之农会方式，方是带群众性与合于掩蔽的，因为只有如此，才能使这些乡村，亦成为“两面村”，才能使我们在实际上控制其全部群众，才能保持秘密。覃巴区公开组织农会之新开辟40余村，至今未被破坏，而过去秘密活动找二三人组织地下军的地方，在钟部离（开）后，据不完全统计已牺牲8人，给搞垮了，因为那种方式是难以控制全村的。

目下一二月间，反丁是最易动员群众的口号，我已通知各地无论已有武装斗争或无武装斗争之地，都以这种形式来推动这行〔项〕工作，组织群众，化、廉、遂是可能做出成绩来的，其他各地现在看尚没有什么把握。

经济方面，月来除化县方面搞得 1 000 万，遂溪方面搞到几百万外，其他都搞不到什么，王老五处（境）最困难，连伙食也赶不上，但尚较前些时期略好些。除遂溪交来 100 余万，化州交来 200 万外，这期间中我没收入，还给了 30 万给丁做伙食。两个月内如部队按计划扩大，在未能建政权收税养兵情况下，暂靠目前办法，伙食当尚可维持，长此下去则非靠政权来养兵不可了。目前各地买机枪要化〔花〕钱，故我没再抽他们的钱。

目前我已向各地提出用土法造手榴弹及地雷，限半月试验成功，一个月造出第一批成品。此事已经与高棠（唐）亚沈详细研究过，认为是有保证成功的。数月前，遂溪做手榴弹的办法太洋化，一则技术难搞，二则原料难买，在目前我们条件下只有广泛采用土法制造，始能大量生产，普遍生产，以供需要此问题解决，可增（加）我们部队火力一二〔两〕倍，而且可使武装斗争更普遍起来。我已下最大决心，必使它在最近成功。

以外还拟用土法制些燃烧弹、催泪弹之类，这些更简单，必可成功的。

区党委九月的指示，是肯定地错了的。假如 9 月以后我们继续采取积极的方针，今天我们的力量最少也比现在大几倍。现在又要积极搞起来了，我以为区（党）委最好在新批示中对以前错误有所批评，使同志们有清楚的认识，也较郑重些。我接第一封信后即从积极方面布置工作，但下层同志多未有信者，怕再来一次转变，如遂溪同志他们都认为九月以前和九月以后的搞法，一条是生路，一条是死路，但是他们还是恐（怕）再来个转变。直到我接到你第二封信，将内容传达给沈，沈并拿了我的信给干部们看过后，他们始肯放心去做。化州亦略似此现象，他们虽然承认这次失败，主要由于我自己不坚定，但也说：“上级也要负多少责任吧!”看到了《燎原之火》后，他们自然会觉得区党委九月批示和中央精神是不同的。因此我希望新指示中略有提及，较郑重些。

我对目前国内形势的了解是：蒋军在几个月内乃至一年内必遭受决定性的失败，但由于中国政情的复杂，将仍以和局结束。一个时期，反动势力将仍可以控制其原有地区几年，广东的胜利，今年是未能取得的。但在今年是个决定关头，我们若能在此期间内，占下相当十县八县的地方实行革命的割据，则这些地方即使将来广东全省尚在反动派支配下，而这些地方都是我们的，是民主力量的中心，将加速在将来斗争中广东局面的变化。现在既然决定起义，我以后必须如过去抗日时期建立根据地似的来做，要有一整套政策，大胆放手来做，稍有点畏首畏尾，就会做不成局面的。你来信提到建立主力团，建立粤桂边区武力，但未讲到其他政策，因此我们感觉到有点茫然，下面同志也未敢放胆，多少还有点怕搞错了，未敢自己做主。新指示希望就能提到各方面政策的问题，并确定要做成怎样的局面。

我认为目前南路我之力量已较弱，但如放手去做，政策搞对，半年内扩展武装至四五千，割据相当于一个乃至二个县的区域，还是甚有可能的。如安南部队不回来则困难多些（他们应无论如何想法回来)，即使不回来，仍可能实现上述的目的。我的计划是：前两个月各县普遍地做准备。其中遂、廉、化、合、灵几个地方，两个月来尚可扩展至共有千人以上，此时仍不必将各部集中，而是各部在自己集中力量，并扫荡国民党下层乡保武装，相机歼灭其县警队之一部。普遍动员群众抗丁抗粮斗争以动员民枪，收缴地主之枪，收编土匪，其目的必须远在我活动所及之地区之枪械，绝大部分被搜罗于我手中，同时派出队伍去附近未有我武装活动之区，策应并配合当地同志领导的起义。这时期可能发展，是必须摧毁国民党区乡政权，建立我的政权的，如此将由目前较为狭隘的活动转入更广大的群众性斗争中，具有很明显的面目，并由于此时我军在北方战场已经不可掩饰的胜局，对群众的鼓舞，与统治者的动摇，我必有很大发展。我上述的预计是打算国民党再调两个团来进“剿”，我们仍是有可能做得出来的。在目前第一步，发展的地区要在老地区及其附近，而不要波到遥远的山地，因为那里没有这样好的群众条件，是难以在短期内发展起来的，地方性的部队逃跑到陌生的山地，战斗力与战斗情绪会减弱的，两个月后我的意见或可酌时抽调廉、遂、化一部兵力，协助廉江部队去打开廉江北部粤桂边的局面，我意将来系以此地为我之中心区，因可以南联遂溪，东联化、吴，西联合、灵，北出广西，山虽不很大，但以我之力量分布却不孤立，化北近信宜之粤桂边，地形虽好，却是孤立的，我又无基础，发展条件是较差的。雷州之徐闻山亦有些毛病，且毛病很大，故我意遂溪发展方面要向北，而不是向南。

我意以为我们要完成这个任务，我们领导机关必须立即下乡，最少你回来后，我即下乡去组织部队，如仍长期留在城市，必致坐失时机。目前我们军事干部虽然缺乏，但如在作战战略指导上给予指导，在战术上改进过去那种漫五〔无〕目的打半天枪，打不死一个敌人的乡下佬械斗似的打法，加以近战术，专门学会打伏击、袭击两套办法，合意则打，不合意则不打，是可能很快进步的。如我下去，最少可以给他们介绍一部分道听演〔途〕说的华北经验，总会好些。如区党委不能调军事干部来，我希望暂试〔时〕让我来担负这个责任，可能比阿沈好一点，因关于打仗的事，无论如何他知道的要比我少些。最近我拟写篇文章，要在干部之间发起学习带兵打仗的运动，希望能经过这种研究，从过去经验提高一步，目下没有人，只能从这些人打算盘了，合灵方面虽要有人去……如安南的人不回来，我看要从阿沈或高唐中调一个人去，直接跟部队，而不在城市，这样那边当有保证发展。

高州方面，我提议如没有人派来，则调现负责湛市之阿李去，如阿沈不走，则沈彬（斌）亦可调去，沈彬（斌）如在遂，因干部多，工作已上轨道，又接近领导机关，可能调张贞素代沈的，或者调阿丁回高州，亦是一法。我如下乡主要系在遂、化队，故高（唐）（亚）沈二人勉强可推动，或我自去合灵，你下乡随遂、化队，亦是一法。总之想法派人入合灵队去也。

部队名义，希望能考虑准许用解放军名义。因此名字香，群众都懂了，不要另改别名较好。又党在部队中之面目如何，亦希指示，对政权问题亦希指示，或仅以"抗丁抗粮委员会之数"代替政权。但我以为初期是可以如此，我武装力量已经可以相当控制一县数县之乡村时，则建立政权有利无害也。

今日接丁来信，钦、防共有人枪70人，机枪2挺。丁意拟将合灵部队调去十万大山，以安南为后方，以钦、防为活动区。我拟去信要他不要调去，不但是现在合灵部队必须留地方坚持始能有根据扩大，并且我认为将来我南路之根据地中心必在廉、合、博之粤桂边而不是十万大山。至所谓以安南为后方，则更无理了。钦、防部队目前情绪较合、灵好。据云九月方针对他们传达很慢，且很肤浅，故未有什么影响。照现在看，丁不能再调回高州，因新人去，又要搞许久才能熟手，我看他应入部队。

希望你快快回来，并希望即让我入部队去！时间实在太迫切了，斗争展开起来如不下去，是搞不好的。

今天本拟再就情况及我个人意见补写一些，因没有时间，只得不写了。我现在还很有信心，迫切希望区党委的提示，望你即回来。

三、吴有恒《给方方的工作报告》[1]

关于解放战争时期南路开展武装斗争问题，吴有恒和中共广东区党委存在分歧。由于执行中共广东区党委（《给方方的工作报告》中称为“区党委”）的“九月指示”，长期隐蔽，收缩武装，南路的革命形势急剧直下。1947年4月26日，吴有恒在《给方方的工作报告》中，要求中共广东区党委改变关于武装斗争“小搞大搞”的方针，并表示“不然它会累事的”。《给方方的工作报告》全文如下：

方方同志：

因为交通立刻就要走了，我没有时间给你多写在我只有两个钟头给你写这封信，我的话也许未能而且可能有些地方写得不够考虑。

我们的武装工作几个月来（自今年正月以来）是有些发展的，尤其是最近一个月来下去自己当起司令来以后，带了千把人在化、廉、遂来回兜了一圈，打了几场较大的仗以后，现在我们的声势要比实际力量大了很多倍。现在在化、廉边我们已控制了纵横八九十里的地区，包括9个圩场无敌踪，廉江控制了10个圩场，遂溪控制了整个泥地。在这些地方K的乡村政权已经没有了。化、廉县长已委出，在我控制的地区已建立了乡村政府。我们准备这几天在遂溪也开始搞起政府来了。我们行动已引起K当局十分注意了，公开说目前匪情以南路为最严重，而且其兵力亦已逐渐被吸引南来。因

[1] 摘自中共恩平县委党史办公室编印：《梅骨玉魂上凯人》，准印证：〔2003〕江字第011号。

此我希望你们也于此时特别注意南路的工作，目前全省其他各地的情况我并不详悉，但从表面看，及根据一些道听途说，其做法是和南路有些不同的。不管对与不对，南路几个月来的工作，总是有些突出吧。我本来打算把我这几个月来的做法想法，尤其是我下去随军以来所接触到的实际情况多写点出来，以供你们参考。但现在因为时间关系已经不可能。现在这里的同志都有一个疑问，其他的地方为什么这样沉寂呢？他们怕别的地方的活动不能与这里配合得起，我也有这样的感觉，大概有些地方的同志，是放松了当前的许多有利的时机的。我以为区党委一年余来的武装工作指导上的错误就是根据欧、温二同志所传达的已经总结过了，但是这个总结所表现的，仍是未能彻底从思想上清算了这些错误。如对旧年九月决定，仍有“作为方针是对的”等话。而只承认这是工作布置上的缺点。我以为像旧年九月决定之类的决定，是与当时的实际政治形势没有丝毫吻合的。它曾经使我们的工作遭受过如何严重的损失，这一点不已经是很好的经验教训，是很明白的证据吗？如果现在我们还来勉强去把那些在事实上已暴露出完全错误的政策安上一个基本上是对或这样提法原则上是可以的话，我们将无法在今后的指导工作上改正过去那些错误，无法使同志们对于当前及今后究竟应该怎样做弄得清楚明白。我认为目前区党委已经表现出由于未能彻底清算过去一年余以来的指导工作上的错误，因而在目前的工作指导上也就不能不残存与继续了过去的错误。而这条“尾巴”将再度影响我们对广东全省的指导工作，影响各地干部的思想，可能再放松无数有利的时机。

这次区党委（或南委）关于武装斗争的原则是从小搞到大搞，我前次信里已经指出我不同意你们这种提法。我曾经指出从小到大是武装发展的必然过程，而小搞和大搞，在我们（尤其是我这里）干部习惯的了解上却是两种不同的内容的东西，或者说是两种不同的“范畴”。一年余以来，我们所提出的与实际中做着的那种消极的武装政策，那种做“小贼”的做法，正是小搞。因此现在这里的干部，一听到小搞二字就害怕，恐怕又来那么一套了。而事实上在你们的提示布置上也多少还残存着那么一套的一部分。即使如你后来所解释的“放手小搞，准备大搞”，我以为也还是解释不通的。放手小搞究竟是怎样搞法呢？既然规定是小搞，它就是在其规模及内容上都有限制，没有这种限制，就不叫做小而叫做大。既有这种限制，则所谓放手，就实际上不能不成为空话。在这里我更希望你们注意到这样一件情况，即：由于长期以来我们领导上的右倾，因此党内普遍的倾向，不是过左而是过右，许多党员思想上已经不知造反为何物。他们习惯于像乌龟一样缩，而不肯像鸟一样飞。我们这里表现的是许多同志比群众还落后，如我们打了乡仓，群众纷起抢担，而我们的同志却有很多不敢去担，为什么呢？他们怕暴露。遂溪有千余党员，现在有成千部队了，而党员参军的离100之数还远，化〔花〕九牛二虎之力也动员不出来。根据这些情况，我以为我们此时所应当注意的是如何使全党从右边拉过来，而不是“及早”预防他们过左。是要集中声音大声去喊他们起来大搞，而不是生怕他们一下子搞得太大，因而预早提出小搞。而现在我们这样做，事实上就不能不束缚干部的思想，使他们仍然想不开来，仍然不敢彻底作反，提不出〔起〕勇气，没有认识过去的消极政策的错误。因而就正如对一个熟睡了的人，不敢大声喊醒他，便害怕他醒得太快太猛，因而就想事前告诉他，你只能慢慢地醒过来呀。难道他能听得到我们这种好心的教训吗？我以为目前我们必须舍得放下小搞这个“不祥”的字眼，大胆向同志们大声喊“造反呀”！拿这种态度来指导当前的各地武装斗争，始能真正把党员与群众动员起来。不要怕他们搞得太“左”，为着他们从右倾中翻过来，事实上也需要某种程度的“矫枉必须过正”；过早提出防止“过左”，事实上将使我们的指导方针仍然停留在“过右”。这点道理，你知道的当较我更为清楚，我希望你再加考虑一下，即在我们这里，“左”倾可能发生得更早些，现在已开始有些萌芽，但我暂时还不打算普遍去反对它。我的原则是先把大家唤醒起来再说，决不在他们未醒以前在他们耳边喁喁细语。我现在再迫切要求你们改一改你们关于小搞大搞这个方针，不然它会累事的。

根据你们所提的小搞方针（不管怎样解释），你们对于目前的具体工作布置上，也就还表现着畏首畏尾的态度。譬如关于政权问题上，你们对平原地区的原则是建立两面政权，这在事实上是行不通的，譬如现在我们在化、廉边、廉南及遂溪已经摧毁K之乡保政权，K至今尚未能“收复失地”，难道我们不是去建立公开的一面政权而是要去请一些“第三人士”来建立个可左可右（事实上不会有这种第三人士）的政权，或简直让K回来再建立其政权而争取其做两面派，或我派人去出面建立个K的形式而我们的内容的政权吗？事实上这也是不可能而且不需要的。我们现在的斗争和抗日战争时不同，那时是国共合作时代，我们的第一个目标是抗日而不是打倒K政府，因此那时候初期不建立我独立的政权（不与K申明敌我之分），群众也不觉得什么，也还有群众跟我们跑。而现在，我们的武装活动的直接目标是打倒K政府，这在群众的了解就是造反。如果我们不全个造反而只造一半，你就休想发动整个广大的群众。化、廉的群众在以前我们长期掩蔽的政策下，在一些两面政权下，总不敢积极动作，只有这次我们出了布告，委了县长后，始见耳目一新说："这次老实了，连县长也委出了。"他们见我们坚决，他们也就积极起来了。我以为两面政权决不应于此时提出，即使在平原地区，除了有特殊作用者外，我们决不搞两面政权。我们首先就要摆得旗帜分明。我是我，你是你，有我无你。必须有这种态度，才能把"反"造起来。如果造起反来而又自己去建立一个面目不清的政权，这是徒目以混淆视听，迷惑群众，其结果将使我们的斗争不能得更大的群众的支援而软弱无力。我并不是反对争取我们尚未能完全控制的大的政权为两面派这件工作，而且在事实上我们这里现在还是很注意这种工作。但第一，我们既控制了这个地区，哪怕是暂时的控制，我们决不在该地建立企图永久存在、可以反齐反楚的两面政权；第二，在我们有办法控制其一部分的地区，我们即搞两个政权（即我之政权与 K 之政权并存）作对立的斗争；第三，我们目前第一件急务是唤醒群众，把群众动员起来造反，而不是未造反前群众根本未动前就谨小慎微地去担心群众造反起来了会遭受 K 之扫荡摧残，因而想事先留一条后路，不为已甚，不让群众出头，而想于〔以〕几个中间分子来挡阵，事实上不可能有这种思想的中间分子，这样是永世也动员不起群众，因而我们就无法在群众中起得力量以坚持当地的斗争的；第四，我所了解的政权的建设过程，绝不是一帆风顺的，而是很曲折的，我们可能把 K 现存政权摧毁，因而建立我的一面政权，跟着 K 主力回来了，又把我之政权赶散，建立了他的政权，有些地方可能是，乃是经过多次反复的斗争最后始能站稳下来的，而在这个斗争过程中，也可能由我之一面，又变为迫得不能不采取 K 之外形、我之内容的一种两面的一个阶段，有些地方也可有不必经过这个阶段或五条件经过这个阶段……没有办法再写了，时间不容许。

以后有时间再另寄，现在我迫切要求你们的详细指示。关于其他的问题我不及提到的，我也希望你能根据我的精神给予批评与指示。

致党的敬礼

（此信不及复看，或有词意根本错误之处）

老吴①

旧（历）三月初六②

四、《广东人民解放军广阳支队宣言》③

解放战争时期，广阳地区跨越国民党广东省的第一、第三、第七共三个行政区，辖恩平县、阳江县、阳春县、新兴县、云浮县的河连乡、西山飞地以及开平县西北部。广湛公路干线穿越恩平、阳江县境，是广州通往南路的陆路主要交通要道。天露山横亘其间，山峦起伏，地势险要，进可攻，退可守，回旋余地大，路线战略十分重要。1947 年2 月，广阳地区恢复公开的武装斗争后，上级陆续派遣干部到本区工作，广阳地区武装斗争迅速发展。1947 年6 月11 日，以郑锦波为司令员兼政委的广东人民解放军广阳支队成立，增强了广阳地区（包括恩平）人民武装力量，广阳支队成立时公开发表了《广东人民解放军广阳支队宣言》，全文收录如下：

我们是广阳人民的子弟，是人民的子弟兵。我们曾在抗日战

① 老吴，即吴有恒。

② 旧（历）三月初六，即公历 1947 年 4 月 26 日。

③ 据恩平市档案馆馆藏中华人民共和国成立前历史档案资料，发表日期为 1947 年 6 月 11 日。

争中为保卫祖国而英勇战斗，抗日战争结束，为了全国和平，我们奉令撤退。但国民党反动派背信弃义，撕毁停战令，推翻政协决议，勾结美帝国主义，勾结法西斯残余分子，发动了空前大规模的内战。在我广阳地区，反动派则乘人民武装撤退之机，加紧其血腥统治，到处奸淫掳掠杀人放火，把和平农村变成恐怖的屠场，美丽的城市变成卖官鬻爵、贪赃枉法、荒淫无耻的蛆虫们（的）臭屎坑。和平的人民在反动压迫下，遭受着比抗日战争期间更大更重的苦难，不打倒蒋介石、宋子文这些卖国头子、专制腐王及其爪牙们的统治，我们美丽的故乡将随同整个中国的全部锦绣山河给这些汉奸们通通卖给美帝国主义者；我们的同胞将永久地儆着成为美帝国主义者和封建官僚地主的双重奴隶，在沉重的枷锁下，通通被榨死迫死，不得翻身。

同胞们，根据你们反对卖国专制的意志，继续着我们在保卫祖国的八年抗日战争中的光荣传统，为了独立民主和自由，为了中国的解放并且最迫切地为着我广阳地区的解放，为了保护我们的父兄老一辈的安宁，为了保证我们的子孙幼辈的幸福，我们再度动员，拿起武器和蒋介石、宋子文匪帮坚决战斗。自去年以来，跟着全国解放军大反攻的胜利，跟着我们广东各地人民武装斗争的发展！尤其跟着我们粉碎蒋匪的爪牙何彤、陈文、刘其宽等无数次的扫荡进攻之后，我们的队伍始终和人民在一起，已经比过去在何时更强更壮大了，我们已经在许多地区结束蒋匪、宋匪的统治，并开始建立了人民的政权。现在，我们组织成立了广东人民解放军广阳支队，我们有充分的信心与力量动员本区一切武力，全部彻底解放本区，并配合全国解放军解放全中国。同胞们，这日子不远了。

农民们，你们在蒋介石匪帮征兵、征粮、征款的搜括和地主高地租高利贷的重利盘剥下，打下的谷米一粒都往蒋匪衙门和地主债主家送得干干净净，一年到头辛苦劳动只是把那些寄生虫喂肥，而你们劳动却都没米下锅。蒋匪勾结土豪劣绅设立无数名目来抽剥你们，什么“保警”，什么“购械自卫”硬把你们捉去当内战炮灰，你们出钱出力来杀自己兄弟。团结起来啊，组织农会，组织人民政权，组织人民武装，反抗蒋匪和土豪劣绅地主债主的压迫剥削，拥护中国共产党的土地法，只有实行分田废债，才能最后和最彻底解除架在我们颈上几千年的封建枷锁，建立我们子孙后世永远的幸福生活，这是我们奋斗的目标，我们必须逐步把他实现。目前，我们首先普遍实行减租减息，调剂耕地，分粮济贫，提高雇农待遇，以初步改善并保障农民的生活。这是我们最低限度的要求，必须立即实现。

工人们，在蒋匪统治的城市里，你们失去了组织工会的自由，职业没有保障，工资愈压愈低，物价愈提愈高，出卖了全副技术和劳动也吃不饱肚子，养不起父母妻子。团结起来啊，破坏蒋匪的军事生产和运输，用一切方法配合乡村农民的战争，以便最终在城市里消灭蒋匪的统治，使城市恢复成为劳动人民的城市。

工商业家们，在官僚买办资本的压迫和苛捐杂税的剥削下，你们正当的营业备受摧残，蒋匪毫无限制地滥发纸币，更一天天地把你们的血汗钱变成废纸。只有解放军的胜利，人民的胜利，民主的胜利，才能保障你们事业的繁荣与发展。团结起来啊，和劳动人民站在一条战线上，打倒官僚资本、买办资本，废除苛捐杂税，保护工商业！

华侨们！蒋匪的卖国外交使我们国际地位降低，你们在海外得不到祖国的保障，回国后又备受蒋匪各级军警官员的虐待，你们的血汗之资成为贪官污吏们择肥而噬的猎物。官僚资本统制了工商业，使你们无法作正当的投资，那些官僚们甚至吞没和克扣侨汇，使你们破产。不打倒蒋介石匪帮的统治，便不能保障华侨生活、生命财产的安全，团结起来啊！从各方面支援人民解放军的斗争，反对卖国外交，保护海外华侨，保护归国华侨！

学生们，一切脑力劳动者们！在蒋匪的专制统治下，你们思想没有自由，行动受特务监视，生活也没有保障。团结起来啊！和劳动人民在一起，共同为自由、为民主为广阳人民的解放、为全中国的解放而斗争，人民解放军和解放区正欢迎一切知识分子来参加各方面的工作。

本军郑重声明，我们的爱国民主战争，是全体人民的事业，欢迎一切爱国民主人士，包括一切爱国民主党派、社会贤达、开明士绅的合作，一切爱国民主人士应该组织爱国民主统一战线，以反对蒋匪、宋匪的卖国专制集团，国民党人中，蒋伪政府人员中，蒋宋匪军中是有不少不愿做亡国奴隶、封建奴隶的人，他们拿着美国人的枪炮来屠杀自己的同胞，压榨人民的膏血去供给贪官污吏荒淫无耻的享受，做着〔犯下〕许多违背良心的罪行，现在，应该是他们觉醒的时候了！本军郑重向他们声明：你们的血不应该为美帝国主义者和蒋、宋、孔、陈四大家族而流，你们应该回到人民的阵线，为人民服务，退出蒋介石、宋子文的罪恶匪帮，向人民悔过自新吧，拿出勇气来举义反正，掉转枪头对蒋介石、宋子文开火吧！本军和人民热烈期待着蒋匪阵营里的弟兄们的觉醒！

同胞们，北方解放大军反攻的攻势日益扩大，已经打到长江边必然渡江而且很快就要渡江了，南方各地人民在蒋匪的后方起义日益普遍：力量日大，已经从分散的小游击队逐渐发展为更多的正规兵团，建立了无数的根据地。这南北两大人民武装铁流的汇合，出现的将是全中国的彻底解放。内战打了将近两年！蒋匪主力被歼大半，而解放军则扩大了不止一倍，这就是目前形势的特点，蒋匪败得心慌意乱，派他的大舅子宋子文来广东料理后事了，打算依靠美帝国主义者的援助、保……（以下残缺，原馆藏

档案如此）

五、吴有恒《南路东征队挺进粤中的斗争历程》[①]

（1983年7月在广阳地区武装斗争史料征集座谈会上的发言）

抗日时期，1944年秋，珠江纵队抽调一部分部队挺进粤中，梁鸿钧、谢立全、罗范群、连贯、刘田夫等同志领导部队，命名为广东抗日人民解放军。

为什么要这样做？这是党中央的重要战略部署。这时我在延安。日本人打通湘桂铁路，占了桂林、柳州、南宁，华南局势发生了新变化。李济深是国民党的桂林行辕主任，他撤退到广西省昭平县，他想搞敌后武装斗争，但搞不成。南路的张炎和我们地方党合作，在南路组织武装起义。这时，党中央分析形势，广西、广东大片地方成了敌后，中央认为日本人可能要再打两年才能投降。毛主席在党的第七次全国代表大会上分析政治形势，说日本侵略者还可支持两年。因此，党中央对南方的抗日战场作出了重大战略部署：在八路军、新四军中抽调6万人到华南，争取两年时间内在华南建立30万人的部队。毛主席当时估计，我们在华中有了新四军，在华南又有了30万兵，到日本投降时，国民党蒋介石就只能和我们争华中、华南，根本不能和我们争华北、东北，那就大势已定。基于这一估计，中央就决定在八路军、新四军抽调6万人分3个梯队南下。第一梯队是王震、王首道率领的三五九旅抽3 000人，主要是战斗人员，作为先头部队。第二梯队以文年生为司令员，他当时是中央警备第一旅旅长，带他的第一旅加上三五九旅未跟王震一起走的一部分，共7 000人。这样，一、

---

① 摘自中共恩平县委党史办公室编印：《梅骨玉魂上凯人》，准印证：〔2003〕江字第011号。

二梯队加起来就有1万人。第三梯队组成，以古大存为司令员，任弼时为政委（当时是中央书记处书记，中共中央秘书长），率领5万人。第一梯队率先南下了，来不及配备地方干部跟着走。第二梯队7 000人准备出发时，中央即刻把我调出，专职负责抽调广东干部回广东，组织广东、广西干部队，还组织湘南、赣南、闽西的干部队，广东、广西、湖南南部、江西南部、福建西部，几个单位建立华南战区。我被指定负责查找在陕甘宁的广东籍干部，查到名单想要的就调。我在几个月间逐个单位访问谈话，有的同志调到了，有的同志调不到。如延安当时有个中山籍的古元（全国有名的绘画家），我就去找周扬同志请求调，周扬同志说你们回广东打游击，要这个，不是浪费人才？不同意调。广东干部队集中了200多人，成立两个中队，一个是连营级干部中队，一个是团级干部中队，我在团级干部队当指导员，云广英为大队长，伍缙南为政委。还有广西、赣南（杨尚奎负责）、湘南的干部队。各省干部队一起跟文年生的第二梯队南下。我当时在延安参加“七大”，我等待听了毛主席的闭幕词，第二天早上才出发。当时估计再打两年，日本才会投降，但是第二梯队刚走到河南省洛阳附近，日本就投降了。于是中央命令第二梯队文年生部队停止前进。中央派的3个梯队6万人仅第一梯队王震率领的3 000人南下到了广东北部五岭地区，日本就投降，第二梯队几千人改为调去东北，王震部队也北返。中央叫我化装回广东传达“七大”。

中央除了调部队和干部南下外，广东怎样迎接中央的大部署，中央也作了具体指示：

①恢复党组织活动（1942年粤北省委事件后停止了活动），成立广东省临时省委，尹林平为省委书记，曾生、连贯、梁广、黄康等为省委成员。

②成立珠江纵队。1943年有了东江纵队，这时成立珠纵，由

临时省委统一领导。要东纵、珠纵派人去粤北建立五岭根据地，由杨康华、林锵云带人去；珠纵派人去广宁、四会西江北岸一带；第三支部队从珠纵抽人到新高鹤，领导人有梁鸿钧、谢立全、罗范群、连贯、刘田夫，番号叫广东抗日人民解放军，要从西江南岸发展到南路，与三罗的蔡廷锴、南路的张炎部队连接，打到广西与李济深连成一片，和李济深商量好，要成立华南抗日民主联军。

中央关于组织3个梯队6万大军南下，在华南发展抗日民主联军30万正规军计划，是以我们党为主的，我军南下3个梯队共6万人，东纵、珠纵部队发展，加上李济深、蔡廷锴、张炎等部队参加进来，再加上其他国民党抗战派民主人士，就有30万人。我在延安听了这个大部署，精神奕奕。第二梯队文年生为司令员，雷经天为政委，陶铸为副政委，莫文骅为副司令员，带7 000人准备返广东到粤北会合王震部队，这样共有1万兵力。这时张炎还未失败，第二梯队行军中，我提出要一部分兵给我做向导，进入广东境后即过西江插下粤桂边区。我说，从新兴、恩平到南路这块地方由我来负责吧！南路最出得兵，给我有几千人下去，两年可以出10万兵。他们（文年生等预导同志）说到粤北后分一千兵给我下南路。西江南岸至粤桂边，这一带不是国民党的战略地方，国民党在这一带无正规军，这是大块敌后区，有人出兵，我带一部分人下到这块地方，如果两年出10万兵，是很着数（粤语，划算之意）的，但后来这个计划没有实现。广东抗日人民解放军挺进粤中，为什么中央派连贯跟部队来？他是搞统战的，是临时省委常委。部队从新高鹤过新兴，打了败仗；过恩平，到阳春，打春湾，想打通南路的联系，结果南路张炎失败了。当时又派李嘉人、唐章到广西，作为东江纵队的代表联系李济深，结果李济深也搞不成。日本投降了。在延安时因我负责找广东干部抽调出来搞集训。古大存起草对广东工作的指示，古大存找我执笔，指示中指定李嘉人作为东纵代表联系李济深，所以我知道中央对广东的战略部署。由于中央对华南战略的大部署，就产生了广东抗日人民解放军，鹤山成立二团，高明成立三团，恩平一个半连成立五团，阳春成立六团，新兴还未有部队，后来叫七团。东江纵队以前下面是大队，不敢挂这么大的招牌；因为这时中央有发展华南30万正规部队的大部署，所以就打出广东抗日人民解放军的大招牌。

日本投降后，东纵北撤，留下少数部队在各地坚持斗争。到解放战争，后来恢复粤中纵队，有抗日战争这个传统的关系。因此，我提供这个史实供大家参考。

第二个问题，恢复武装斗争。东纵北撤后，南路东征部队过来粤中，粤中恢复斗争。我在南路主张大搞武装，得了个花名“大搞吴”，谁是谁非不必论了。我主张大搞，有了几千兵。广东这时国民党没有了正规军，正规军都调到北方去了，广东敌军只有10个保安团以6个团对付南路，其他地方空虚得很。后来香港分局说我错。林李明则说“吴有恒好!”林李明是海南岛的政委，我在南路“大搞”，广东国民党当局把原在海南岛的6个保安团抽4个团对付南路，海南岛就轻松了。关于“大搞”的争论有分歧，1947年10月我到香港，向分局汇报工作，现实是敌人集中兵力对付南路。我在会议上提出，为了击破敌人对南路的重兵围剿，南路部队组织东征、西征，两个方向同时出击，西征部队到十万大山、广西中越边界（当时还未想到达云南），东征部队向东打出来。东征部队第一步的目标，准备到茂电信，以云潭大山、云浮西山飞地、阳春八甲大山为新的根据地。这一带是粤中区的边沿，仍然待在这块地方是不够的，恩、开、新、两阳边境山区势必靠过去连成一片。东征部队战略计划，第一步到茂电信边区、云阳边西山地区，配合粤中党组织的军事斗争，发展到西江南岸，加上云、罗、郁南几个县地方党转入搞武装，三罗起义，建立广南地区。广南这个名是我提出的，已经有了广东、广西，提出广南，旧时曾经有过这个词，所以我建议称为“广南”。我主要是从军事上考虑，打破敌人对南路的围剿，分散敌人兵力。乘机发展我方力量。有人认为我在南路过左，但并不是因为是我的意见而不采纳。东征部队是南路分一部分兵力过来，暂时还属于粤桂边区党委，领导成员分一部分过来，叫做“粤桂边区党委广南分委”，军事上叫做“广南军分委”，我无司令员做了，组织上原要调动我的工作。方方说：“以前提大搞早了一些，现在提就恰当了！”原想调我去湘粤桂边区尹林平部队当参谋长。尹林平说：“这人挑皮，我管他不了！”西江的区新曾听过我作报告，想叫我去西江当司令员。方方说：“你管他不了！”冯燊说：“我不怕，我要他，管不了我就找条绳缚住。”于是，我返粤中。冯燊和我谈话，说：“部队不用你的名字下命令出布告，军队还是由你负责，打败仗唯你是问！”我说：“有工作我就干！”南路部队东征过来是我建议的，我和谢叔（谢创）一起返粤中。原来分局决定，东征部队过来，第一步搞茂电信边、云浮飞地一带，往新兴、恩平北面发展，把三罗、新高鹤都联上来，所以组织阳春西山工委，不是临时性的，准备永久性的原来意图建立高阳地委，王老五（王国强）是茂电信特派员，杨飞、梁昌东从香港学习回来，我想以高阳地委为中心，东面伸到新高鹤，西面伸到十万大山，北至三罗，撑开这样的局面。这个还是我在延安时候那个设想，要在这个地区出10万兵。反正当时思想是这样的，但部队到了阳春、阳江，要部队去八甲大山没有基础。云潭大山那边有个支部，有十几个党员，东征部队六连，王国强活动的地方有点基础。由于以茂电信为基地设想不现实，改为以广阳为中心，东征部队过到清湾朗底，留下在广阳地区比较现实些。但是开始还未放弃以高阳为中心的意图，欧初也是想以高阳为中心，未想过要到四邑。所以我派阳春部队去西山。后来，东征队伍过漠东，在大洞水会师，我住过石盆寨，开了一家地主的仓，我带队伍过恩平的大陂，出大田。我个人从朗底出到北合，头发很长，在村中找了个理发佬，坐在大树下理发，我刚剃了半边头发，敌人打来了，入了村的闸口，一枪打死了理发佬。连长指挥轻机枪扫过去，敌人退出了闸口。这次突然遭遇敌人，我剃了半边头发撤出，帽子也不见了。过了一天，才同冯叔（冯燊）会合。南路部队过来，国民党"围剿"南路的兵也跟到了两阳、新（兴）、开、恩，进行军事讨伐，保二师的铁头仔调了几个团来。原来我们想休整，但山区无粮食，我带着队伍从朗底到七堡里，想筹粮解决吃饭问题，南路兵政策观点不够好，食饭时又给敌人追到来打，退到鸡啼营，到夹水、东水，又到了新兴县的蕉山。蕉山的老百姓关起门不肯开，我的警卫员说："我们是解放军。"老百姓说："你们是解放军，是好人，我知道，但是你的司令员（梁鸿钧）都在这里被打死了。"我说："现在我们的队伍又扩大了，我是司令员，你开门，看看我们是怎样的人，我不入你家去，你开门看看都好！"结果，老百姓开门让我们入屋。老百姓有失败情绪，是抗日时期蕉山战斗失败留下的影响。我们的部队无饭食，打了集成圩，开了谷仓，每个同志的米袋都装了点粮。退出来，夜行军过莲塘面、里洞，想返恩平朗底休息，到西头地方又同伪保安团遭遇，我们主动撤出战斗，到一个山坑，拿出500元买了一头牛，部队一人分一块牛肉。找到耕田厂的人带路，翻山过阳春的茶园乡，下半夜到宠洞，过马师田，到了蟠龙住几天。蟠龙名叫"小延安"，但根据地小，无饭食，部队只好又返恩平，如果蟠龙有粮食还可多休息些时候，在阳春的敌人只是县保警队，好对付。部队转回恩平，广南分委领导开始考虑南路部队分散还是集中的问题。南路部队东征过来，不是打败仗，但是目标大，敌人重点缠上来；根据地的农村又遇青黄不接，四五月春荒无粮；地方工作未普遍开展，群众运动、政权工作、情报配合都未搞好。南路部队从蟠龙转回恩平，郑锦波带着贺金龙队几十人合在一起，在西水湾田地方开了一个会议，感觉有分兵的必要。分兵是得是失暂且不论，当时也是按实际情况出发有分兵的必要。敌人到处围村钉点，“捐款”买枪。分兵我们没有比较强的主力，不能进行有效的战斗。

经过三个月，我病了，去开平罗汉山耕田厂养病。去养病之前，我已经想到要集中兵力，如果有几百兵力，起码可打赢县大队，敌人来一个保安营也可以把它打走。到罗汉山养病时，我派曾珍通过交通站出香港分局找方方，曾珍对方方说：“老吴叫我问你，南路工作有无对的地方，如果有，就集中兵力，他虽然病了，可以抬着指挥，如果不对，就无法讲了。”方方回答说：“有对的嘛！打国民党拼命呀！”曾珍从香港返来，广南分委在西水湾田开会，我和冯燊、谢创、欧初参加会议，加上龙世雄做记录。这个会议的记录，龙世雄个人藏起来，“文化大革命”中给红卫兵抄家抄去了，现在龙世雄人傻了。在西水湾田开这次会，在会上我写了个条子：“我建议集中东征部队搞一个团，如果打败了，甘受枪毙，死而无怨。”冯叔看了这个条子，叫“会议休息”。冯叔和欧初交换意见后，复会时发言说：“全部集中不好，先集中一个营。”部队集中之后叫做“西江大队”。打了一仗之后过新高鹤，打了布辰岭歼灭战。我说集中一个团之后不在恩、开、新活动，是过新高鹤，那边敌人比较空虚。过新、高、鹤打布辰岭战斗，我军兵力三个连，实际战斗兵员 280 人，敌人 123 人。我军一个营加上新高鹤支队。司令部讨论，选择伏击地点，等敌人从新兴过了岭进入高明县境塘面村才打，一批部队放在高山，庞震队放在矮山仔，一个排放在路边一间庙里，布置兵力以后我不到现场，我生病头晕，很疲劳。欧初也不去现场，布辰岭伏击战打了胜仗，敌兵123人，歼灭120人，少了3个，被俘虏的敌军参谋长说这3个是空额，战场清点俘虏和尸体，没有一个伤兵，我还批评部队对敌人伤兵是否都补了一枪，违反政策。这场胜仗缴了9挺机枪，9支枪榴弹筒，还有一大批步枪。我对冯叔说："是否集中好呀！"冯叔说："集中好！"几个月后，分散在阳春、阳江的东征连队都调到新高鹤集中，部队返到恩平，在鹏岗与敌遭遇打了一仗，黄飞同志被流弹打伤牺牲，并不是打败仗。又打苍城，没有打入去。

我粤中部队由分散到集中兵力，打了布辰岭战斗，进一步全团集中，陆续打了一些仗。恩平鹏岗一仗，虽然黄飞牺牲了，但我们主动出击向敌人挑战，估计江洲市①敌人必出，敌人惊了。我们把部队更集中，在马岗打一仗，在四九圩的路上的牛山草坪又打了一仗，缴了敌人几十支枪，把祠堂里的敌兵捉光，只剩下炮楼里有几个人守着没打下。敌据点被我拔除了。朗底据点拔了，夹水据点没有了，广阳支队根据地活动地区巩固了。我军主力团出击，可以吃得下的就吃；二支和六支队合在一起，又打单水口，杀牛会餐，集中部队讲话，又打司前。部队进军三罗地区战绩较好，打河头勒竹，打金鸡墟，围底墟。围底墟里国民党的县大队长同三罗支队司令员李镇靖是朋友，李镇靖派人约他谈判，要他起义投降，他说现在未是时候。李镇靖要他打一仗，诈败而走，把武器弹药留下一部分；这个大队长走了，我们部队进入围底墟，接着追击一阵，打青平，打罗镜、连州、泗纶，把罗定县48个乡公所拔除了38个。我们部队发展很快，独一团补充了兵源。后接

---

① 江洲市现为恩平市君堂镇政府所在地江洲圩。

到情报说，西江警备司令谭启秀到了连州圩，这时我军集中1 700人，谭启秀军有1 200人。冯叔问我："打得赢吗?"我"打得赢！但缴枪不多吧，他人多。"我们以900人打谭启秀军，新兵不要上第一线，果然打赢了，谭军败走，我们追了一大段路。我们又打船步圩，返新兴，从水台、稔村一路白天行军，一千几百人，浩浩荡荡，到东水，打荷村，打坝塘。坝唐反动头子崔星辉逃走了，我们入了坝塘村。部队返回新高鹤，谢创原先去滨海区也返回来。一个多月后，主力团从那吉过去滨海，一路缴了不少枪。集中兵力能打仗大些多些，效果较大，有所缴获。由于我部队军事上提高了作战能力，活动地区扩大了，有利于地方武工队开展活动。

1949 年 8 月 1 日，正式成立粤中纵队。我想建立第二主力团。我同冯叔交换了意见，没多久就解放了。广阳支队有个钢铁营，新高鹤支队有个飞虎营，滨海总队枪多，我打算抽滨海的林兴华做团长，他就肯带多些枪来了。我打算搞到两个主力团，每团一千人，国民党最多是出动一个保安团，如保二师来二千人一路，我们人少了吃他不下，其他保安团来了我们就打，来一个营我们就可把它吃掉。我考虑了建立独立第二团的问题，连人带枪抽调；三罗支队人多，好枪不多，我想从三罗要些人，枪不要他的。再一步我有一个师的主力，什么保二师来了，就可以来者照打。我抽了下面的，下面又生长起来，不抽他就不生长。用兵由分散到集中的设想，可以看到粤中区军事活动的脉络。南路部队东征到广阳，分散下去时，广南分委研究，分散发动群众搞农会、民兵。这时是五六月夏收期间，我病了，搞了个减租减息布告，六个字一句油印分发。减租减息条例，我在南路搞过，在华北见过。部队转移到新高鹤时，特别搞农会，搞减租减息，建立乡政权。收公粮问题，因前段要使部队吃饱饭感到困难，光靠打反动地主开谷仓不能解决。因而要开展"双减"，按九等九级累进率征税。再迟一些，我们出银币。部队打下宅梧圩，建立区人民政府，方向平为区长，市面以一元港币换我们一元的油印钞票，区政府印发，名叫“义民银号”，油印钞票币值稳定，从1948年冬至1949年10月解放，出了一年。这个时期，我们在新兴县游击根据地也出银币。我们出银币，也没有通货膨胀，我们控制不准乱发，最大面额一元一张，不发十元的，控制就能币值稳定。这时，国民党的币值不稳，通货膨胀离了谱；我们的货币稳定，可以用油印银币纳税。写军史一定要写到财政活动，我们好似国家了；南下大军到来见了我们有油印银币，大军用人民币买东西，卖东西的人以油印银币找数，大军觉得很奇怪。

宣传工作。1948年12月定期出《粤中人民报》，开始由龙世雄搞。我们部队去三罗时，他留下来出版报纸。

我们粤中部队的文工团，陈赓大将到三埠见了就想要，如音乐家郭杰等人，我们没有给他。1948年以后我们部队活动增强，中学生、师范生、老师，一批就进来几十人，知识分子到部队来，对宣传工作起了一定作用。

恢复武装斗争几年，我们认真工作，从无经验中摸索前进，实实在在。南下军来了，我和大军一个师在鹤山金江圩会师，见了师长向守志，他是前敌指挥，指军3个师，军长是李成芳。入了阳江城，见了师长丁元昌，丁说“你的兵，行呀!”原来大军经过恩平县境同我们粤中的部队遭遇，误会打起来，大军捉去我们一个小鬼，小鬼不懂北方话，以为是敌人，就用手比着自己的颈项说“杀头啦!”大军搜小鬼的袋，有文化学习本，知道是我们地方的游击队，大军拿出自己笔记本给小鬼看，翻开笔记本，小鬼大叫：“毛主（席）！毛主席!”大军叫识广东话的同志来翻译，和小鬼谈了舌，放小鬼回去，嘱咐说：“叫你们首长来会师。”我在延安是认识丁元昌的。我们搞政治宣传，群众活动，收粮收税，按共产党的政策路线搞革命打天下，组织军队，搞正道的，没有搞邪门歪道。我们这个小鬼被人捉了，说“杀头，杀头”，这是我们部队正道训练出来的，是有高度政治觉悟的。

南下大军来了，粤中才能解放，但我们也曾经起了积极作用。陈赓写信赞扬我们，向守志给予很好的评价，说到了粤中好像到了根据地。我们粤中部队在鹤山宅梧截住敌人九十一师，敌人走了，敌师长要求起义，我们不敢答应，指定敌九十一师在荷村集合，敌兵不肯缴枪。我叫文工团长符公望、副团长郭杰，到更楼村如果见到大军，就说我们截住了敌人一个师，请大军来帮助缴枪。大军派两个团来，敌师 3 000 人，见讲北方话的大军来了，就缴了枪。军长李成芳审问俘虏：“你们为什么不缴枪给我们地方部队？”敌俘说：“他们是土共！”李成芳拍台喝道：“共产党是一个，你胡说！”

向守志和我研究追击敌人，我建议打单水口，明早到达三阜。我带独一团入三埠，大军可不入三埠直去赤坎；派一个团去公益埠，直往海边插过漠阳江北津海边；一路从新兴下恩（平）一路从阳春下阳江。我们入阳江城，敌人把船烧烂了。我入阳江城见了陈中福，他是阳东游击队的大队长。我说：“无船搭河桥，你有无办法？”陈中福早把 50 条渔民船撑入了合山河，陈中福大队保护住他们，于是赶快调这批船在漠阳江上搭起河桥，让大军渡江。陈中福能够藏了 50 条船，大军没有他就找不到船，一支小小的游击队能起到这个作用。我们配合南下大军，解放阳江，消灭了敌刘安琪兵团。在部队分散到集中的过程中，地方党组织和部队两条线统一，整个党的力量以武装斗争为主，扭在一起。这个决策逐渐明确，两条线合并，两阳特派员李信在阳春入部队了；恩平县李克平也是地下党的，大致是四八年东征部队到来时也入部队了，如果没有全党一致合作搞武装，就没有这样蓬勃发展的局面。

六、郑锦波《抗日战争初期恩平党组织的活动情况》[①]

中共恩平县委是1938年11月重建的。她的重建，像明灯一样照亮了古老的恩州大地，为恩平县人民指明了前进的方向。恩平县党组织在抗日战争初期的活动，至今依然历历在目，记忆犹新。

1927年，蒋介石反动集团发动“四一二”反革命政变，背叛革命，实行反共、镇压工农的反动政策，一场轰轰烈烈的国共合作的革命运动被破坏了。曾经为惊天动地的革命风雷震撼过的古恩州，重为浓重的阴霾所笼罩。恩平的广大劳动人民在国民党反动派的统治和压迫下，处于水深火热之中。

当时，国民党反动派为了巩固其法西斯统治，为了消灭革命力量，不惜用各种手段进行抓丁扩军，穷兵黩武，推行其反共卖国的反动政策。在政治上，剥夺了人民的一切民主权利；在经济上，对人民进行重重盘剥，巧立租税、敲诈勒索。加上土豪劣绅横行、土匪盗贼蜂起为患，劳动人民过着暗无天日的生活。然而，具有光荣的革命传统的恩平人民，绝不屈服于国民党反动派的淫威，他们在黑暗中遥望着中国共产党领导下的工农红军，盼望着党来指引革命道路，通过各种斗争争取民主，寻求光明。

1931年“九一八”事变后，恩平人民和整个中华民族一样，渐渐地觉醒了。“反对日军侵华”“坚决抵制日货”的呼声在恩平大地久久地回荡。这样，就出现了一个个振奋人心的战斗画面。

---

① 摘自恩平党史办编：《恩州烽火》第2期（中共恩平党史资料丛书），1986年5月。

在恩中，有的进步教师向学生介绍鲁迅、郭沫若的著作，用《狂人日记》《阿Q正传》当课文；有些学生组织“读书会”“体志社”，订阅进步书刊，并邮汇钱到保定一书店购买进步书籍。参加“体志社”的有郑锦波、陈瑞庆、陈瑞尧等。他们用进步的现代文学来反对资产阶级文学，反对陈腐的“八股文”。一部分学生初步接受了科学社会主义思想的启蒙教育，播下了革命火种。

在广州的原中山大学的一队学生到恩平进行活动后，恩中学生郑锦波、陈瑞庆、陈瑞尧、林经新等组织宣传队深入潢步头、黎塘、船角等地，向群众宣传抗日。

在广阔的农村，农民纷纷自发起来反对国民党反动派的统治，反对地主的压迫和剥削，各地人民纷纷起来开展“抵制日货”运动……

1933年至1934年间，在广州读书的恩平籍学生郑挺秀等参加了党领导的“左翼作家联盟”组织，郑樵秀、郑鲁秀等受其影响，也阅读一些进步著作。

1935年，北平（即北京）学生在党的领导下掀起了“一二·九”爱国运动高潮，在广州的恩平学生郑锦波、吴超炯等参加了广州的“一二·一二”学生运动和游行示威的行列，并且组成宣传队下乡宣传抗日救亡。

1936年，吴超炯、郑锦波等先后参加了党，找到了光明之路。

1937年7月7日，卢沟桥事变爆发。日军向北平郊区发动进攻，我国守军奋起抵抗。从此，全面的抗日战争开始了。

在中华民族生死存亡的危急关头，民族矛盾急剧上升，成为主要矛盾，国内的阶级矛盾成为次要矛盾。此时，恩平的地主豪绅阶层迅速分化，一部分为了保护自己的性命财产而组成广东民众抗敌御侮后援会恩平分会，团结一批抗日阶层的人士和进步青年，共同参加抗日救亡工作，另一部分则顽固不化，成为抗日救亡运动的阻力。

除了恩平县各界抗敌御侮后援会外，还有十几个抗日自卫大队，他们掌握了武装，表示愿意抗日，人民群众积极支持。在解决民族矛盾中，人民是抗日的主要力量。

地主豪绅中的另一部分坚持反共，与人民为敌，推行他们的反动政策。在国难当头的时候，他们为了本阶级的利益和个人利益，顽固不化，甚至不惜背叛民族利益、出卖民族利益，有的甘当汉奸走狗，充当卖国贼。他们组织走私集团，武装私运粮食和钨矿等物资出口资敌，大发国难财。这些武装走私集团，是恩平人民抗日运动的阻力。

“七七”事变的第二天，我党中央立即向全国发出通电，指出“只有全民族实行抗战，才是我们的出路”，号召全国同胞和军队团结起来，“筑成民族统一战线的坚固长城，抵抗日军的侵略”。中国工农红军先后改编为八路军、新四军后开赴敌后和前线，首战平型关，初战告捷，我党我军的威望进一步提高了。人民群众对我们党的期望和要求越来越迫切了。我县在广州和南洋的进步青年郭凌（即郑池芳）、陈志云、沈其东（即郑钦尧）等不顾万里迢迢艰难跋涉，奔赴抗日圣地（中共中央所在地）延安，寻求革命真理和抗日救亡之道；郑鲁秀、郑文骥、黎永超、伍××等在广州找到了党，参加了党组织；有的则积极地参加了中共广东省委和广州市委领导下的各种群众组织，参加了抗日救亡活动。在恩平的青年也积极组织了一些抗日团体。

1938 年 10 月 12 日，日军侵犯广东，在大亚湾登陆。10 月 21 日，广州沦陷。是月 18 至 19 日，广东省委召开紧急会议，决定成立东南特委、东江特委和西南特委（后改为中区特委）。西南特委于 10 月底召开会议，决定成立中共恩平县工作委员会，并把在西南特委当秘书的郑锦波调回恩平县工委工作。

11 月初的一天晚上，恩平大地一片异乎寻常的宁静。这是一个令人难以忘怀的日子。四区东边朗村的一间侨房里，亮着一盏煤油灯，屋主人冯定笑、冯为民热情地接待几位“贵客”。屋子里充满着庄严肃穆的气氛，中共恩平县工作委员会（简称“县工委”）第一次会议就在这里召开。中共西南特委副书记冯燊出席并主持了这次会议。会上，他宣布了中共西南特委关于正式重建中共恩平县工委的决定，县工委委员的具体分工是：特委副书记冯燊兼任县工委书记，郑锦波任副书记兼组织部长（主持日常工作），吴超炯任统战部长，邓青云（即邓戈明）任妇女部长。会上认真研究了县工委建立后的中心工作，重点是党组织的发展工作，采取积极培养、大力发展的方针。会议分析研究恩平的阶级状况和各种社会力量对时局的态度，研究了建立和发展恩平的抗日民族统一战线工作，决定首先建立几个全县性的抗日群众组织，逐步把恩平建设成为广东西南地区抗日的大后方。县工委领导机关就设在郑锦波家里，县工委委员分散工作，并设几个联络点。会议一直开到深夜。中共恩平县工委的重建，像在漫漫的黑夜中点燃了一盏光芒四射的明灯，照亮了古老的恩州，给在黑暗中摸索前进的恩平人民带来了光明和希望，指出了前进的方向。

早在大革命时期，恩平人民的优秀儿子就投入到火热的斗争中去，并于 1927 年底建立了恩平县的党组织。这和冯燊的辛勤工作分不开的。他是大革命时期参党的老党员，是恩平县共产党的元老，他在工人阶级队伍里锻炼成长，参加过省港大罢工和广州起义，参加过举世闻名的二万五千里长征，还和刘少奇一起参加第三国际在苏联召开的职工代表会议。1938 年 10 月省委决定成立西南特委之前，他已经回到恩平工作了。

为了加强恩平县党组织和恩平县抗日救亡运动的领导力量，

中共广东省委从广州市委和香港市委抽调一些恩平籍及适宜到恩平工作的干部、党员到恩平来，还从香港各行业职工中组织了“旅港恩平回乡服务团”和“西江回国工作团”，派回恩平工作。其中有大革命时期领导农民武装攻打恩城的老工人、老党员禤荣（禤全光），老工人、老党员郑林和女党员冯美坤等。在此期间，省委还先后派郑锦波、邓景孟（邓青云之兄）、吴超炯、邓青云、李进阶、陈椿昌、郑文骥等党员干部回恩平工作。此外，还从外县调入一些党员。这些，都是重建恩平党组织的骨干力量。

抗日战争全面爆发后，中共广东省委于1938年8月召开第三次执委会议。会议充分肯定了广东省委坚决贯彻党中央的路线，积极领导群众运动，努力发展党员，使党的组织向全省范围内发展等方面所取得的成绩。同时，提出了“要建立强大的群众性的广东党”和“发展一万新党员”的号召。恩平县工委一成立，便按照上级的指示，认真做好发展党组织的工作。

恩平县工委成立之前，由于黎永超等人做教育培养工作，已相继发展了郑鼎诺、郑路（郑桥）、梁文颖等人入党。县工委重建后，先后恢复和吸收了郑樵秀、吴枫等知识分子和冯齐永、冯光、禤昌兰、冯创三（蓬厂三叔）、冯春植、冯添忠、冯润洪、冯银旺、禤金发、冯益田等贫苦农民入党，并随即在天村开会成立恩平县第一个党支部——天村支部。会上，举行入党宣誓仪式，冯燊和郑锦波分别代表党组织讲了话。这个支部的党员都是冯燊亲自教育和培养的，大多数党员都是大革命时期的农会会员。这是一个富有战斗力的党支部。

1939年3月，县工委改制为中共恩平县委员会。县委书记兼组织部（部）长郑锦波、统战部（部）长吴超炯、宣传部（部）长郑樵秀（郑调省委学习后改由吴枫担任）、妇女部（部）长邓青云、农民部（部）长郑路【是年冬郑锦波不再兼任组织部

（部）长，改由郑路兼任】、青年工作委员会书记郑鼎诺。接着，又发展了第二批党员，这批党员数量较大。在发展党员方面，我们是认真按照党章的要求去做的。在恩平的社会上，占绝大多数的是农民，它是民主革命的依靠力量，吸收农民入党，建立和扩大农村党支部，是建立中区抗日后方的首要任务。因此，我们大力培养农民中的先进分子入党，同时也吸收知识分子中的优秀分子入党。

根据党章的要求和恩平县的实际情况，随着党员人数的增加，就需要有相应的机构去领导他们开展工作，于是县委把建立各级党的组织机构摆到议事日程上来，以自然村或邻近一两个村庄组成党支部或党小组。当时有天村支部、南岗支部、大坪支部、热水平塘支部、塘背支部、君堂塘口支部、君堂妇女支部、旅港（恩平）回乡服务团支部、西江回国工作团支部、服务团二团支部、沙湖圩支部和教抗、独醒小学党小组等 25 个党支部（小组）。这时候，全县共有党员一百一十二名。为了加强对这些党支部和党小组的联系和领导，县委于 1939 年秋冬间建立了 3 个区委：一区区委由李进阶任书记，三区区委由梁文颖任书记，四区区委由吴枫（后陈椿昌）任书记。在加强党的组织建设的同时，县委还努力抓好党的思想建设，重视党员的教育工作，有计划地组织党员学习党的《抗日救国十大纲领》和毛泽东《论持久战》等文章。我们还在县立一小学校、郁文学校等地举办党员训练班，学习党的方针，党的政策，党的路线，党的群众工作，武装斗争，党员修养等课程，从而提高了党员对党的性质、路线、方针、政策的认识，提高了党员的政治素质和思想水平，使他们在各项运动中更好地起着主导和推动作用。

1938 年，广州沦陷前后，中共广东省委就派冯燊回恩平开展统战工作。在中共西南特委和恩平县工委未建立之前，冯燊就与恩平县级官员梁子衡搭线，开展统一战线的工作。梁子衡是圣堂长安村人，他的父亲是进步海员。冯燊、吴超炯等人与梁子衡一起，共同磋商抗日救国事宜，筹备组织恩平县抗敌（日）政治大队的工作。冯燊还动员梁子衡出任政治大队大队长，以感召更多的国民党党员和各界爱国人士站到抗日民族统一战线上来。同时，冯燊还开展了对恩平县各界民众抗敌御侮后援会的统战工作。

中共恩平县工委成立后至1940年春，是恩平县抗日民族统一战线工作开展得最活跃时期。1938年冬，旅港恩平回乡服务团刚从香港回到恩平，县工委就派禤荣去见当时国民党县长李纪堂，使李纪堂承认了服务团的活动为合法活动，并拨出东洲祖祠作为服务团驻地，开始建立了国共合作的关系。1939年春，原“中国左翼作家联盟”（以下简称“左联”）成员祝秀侠接任恩平县县长，他对抗日持积极的态度。他来到恩平不久，就通过梁子衡通知县工委领导下的几个抗敌群众组织的领导人到江洲小学开座谈会。县工委为此专门召开了一个紧急会议，研究对策。我们认为这是发展抗日民族统一战线的很好机会，决定派“政治大队”的吴超炯和郑锦波、“教抗”的郑鼎诺、“妇抗”的邓青云、“抗先”的郑文骥为代表出席会议，并确定以扩大和发展统一战线为中心议题，争取团结县内国民党的党、政、军中的抗日力量。梁子衡陪同祝秀侠出席了座谈会。与会者畅所欲言，共商抗日救国大计。会上充满了团结合作的气氛，达到了预期的目的。县工委便安排一批中共党员在政府和教育部门任职。把陈华安排到四区任区长，把吴枫、郑楚秀两人分别安插到岭南乡和君堂乡任乡长，郑锦波出任了东鹏小学名誉校长。这样，陈华区长就请郑锦波为四区抗敌御侮后援会分会的委员，既便于与陈华联系，又有利于在四区开展统战工作。

我们还重视团结香港同胞和华侨中的爱国分子，使他们和我们一道抗日。我们通过各种渠道去发动他们捐款捐物支援抗日救亡工作。“旅港恩平回乡服务团”及后方伤兵医院的经费大多数是港澳同胞和侨胞捐献的。对县内的归侨和侨眷，我们也注意团结他们，动员他们出来参加抗日群众组织，使之为抗日救国运动贡献力量。

对民主党派及爱国的宗教界人士，我们也注意争取和团结他们。原国民党某师政治部主任曾伟是农工民主党党员，广州沦陷后丢了军职，偕同其夫人吴平回恩平闲居。他在恩城见到郑锦波，向郑提出要参加恩平的抗日救亡工作，郑锦波答应了他，让他出来参加抗日救亡工作，以扩大影响。县妇抗会名誉主任余惠珍（五婆）是宗教界人士，我们叫她参加“妇抗”的实际工作。她在工作中很积极，起着模范带头作用。我们党领导的“教抗”组织，也有梁达龄、梁伟卿等国民党党员参加，我们还和国民党一区专员公署科长冯镜予建立统战关系，争取他支持我们的活动。这充分地体现了当时统战工作的广泛性。

在认真搞好县一级统战工作的同时，县委还注意抓好区、乡一级的统战工作。我们的党员、干部中凡是能和区、乡进行联系的都建立起统战关系，以利抗日救亡工作的开展。我们和独醒、郁文、成德等学校的校长交上朋友，通过他们安插党员到学校任教，利用合法的地位作掩护开展抗日救亡活动。

独醒学校校长郑芷腴，是与我们党荣辱与共，肝胆相照的好朋友，他积极支持他的10多位儿女和儿孙儿媳投身革命洪流，与黑暗的旧世界浴血奋战，舍生忘死，在所不惜。他的六儿子郑挺秀在中山大学参加“左联”，于1934年被反动派逮捕而英勇就义，为中国人民的解放事业献出了年轻的生命。他的家庭是一个典型的革命家庭。郑老先生从抗日战争一开始就支持共产党领导的抗日救亡运动，叫我们党派党员到独醒学校任教，使我们的党员有合法地位领导抗日救亡运动。他的学校也是恩平县委的活动场所之一，从1939年至1940年间，县委多次把这里作为联络点，在这里开会、研究工作、交换情报。1940年冬，国民党破坏国共合作，反共的阴风吹到恩平，恩平的反动派阴谋逮捕县委领导郑锦波、郑路及“抗先队”长郑文骥时，冯镜予先生将情况密报郑芷腴先生，郑先生即派人转告我党组织，使之安全脱险。这些，都是与搞好统战工作分不开的。

广州沦陷前夕，恩平县的抗日救亡运动是在我们党影响下自发的民族爱国主义运动。那时的抗日救亡群众团体，有的是国民党爱国人士组织的，有的是“官办”的群众团体，也有一些是进步的爱国青年组织的。

如何使自发的抗日救亡群众运动走上健康发展的道路，以及如何争取和利用这些“官办”的抗日救亡群众团体，是我们党的中心工作之一。县工委成立后，即派出吴超炯、郑樵秀、郑鼎诺、郑路等到恩平县抗敌御侮后援会去做团结爱国士绅的工作。同时，一方面组织“抗先”“妇抗”“教抗”等群众团体，一方面引导爱国青年和各界人士组织的抗日救亡团体健康地发展，以结成广泛的抗日民族统一战线。

广东青年抗敌先锋队恩平分队（简称“抗先”）是由我党直接组织和领导的抗日团体之一，它是省“抗先”的组成部分。1938年冬，恩平县“抗先”成立了，它是在粤中“抗先总队”的领导下成立的，“抗先”实际上是我党领导的半公开的群众组织。恩平“抗先队”队长吴质文先生（爱国人士），副队长郑文骥是我党党员。队内成立党小组，组长郑文骥。“抗先队”以知识青年为主，也吸收各阶层的爱国青年和中小学学生参加。恩平“抗先队”有100多人。“抗先队”注意加强思想教育，为适应青年的特点，用轻松活泼的形式团结并组织青年，参加抗日救亡活动。“抗先队”还采用办识字班、夜校等形式去教育群众，发动群众。1938 年春节前，“旅港恩平回乡服务团”（简称“服务团”）与“西江回国工作团”（简称“工作团”）两支队伍回到恩平开展抗日宣传工作，像轻骑队一样，驰骋在恩州大地。这两支队伍都是中共香港市委通过香港的群众团体“余闲乐社”发动和组织的。服务团以禤荣为团长，唐荣熙为副团长，郑林为党支部书记，冯美坤为党支部副书记。团员有禤喜伦、梁卓等 20 多人。工作团以邓一鸣（即邓展明）为团长兼党支部书记，团员有司徒维、李顺祥等 10 多人。他们回到恩平以后，在中共恩平县委的领导下，大力发扬工人阶级的光荣传统，深入到歇马、隔巷、热水、杨桥等地，以戏剧、歌咏等形式宣传群众，发动群众开展抗日救亡运动，并培养发展了吴炎烈、吴石喜等一批共产党员，为恩平的革命事业立下了汗马功劳。

1939 年 3 月 8 日，恩平妇女抗敌同志会（简称“妇抗”）正式成立了。该会以君堂圩牙科医生郑天池的夫人余惠珍（人们尊称她为五婆）为名誉主任，中共恩平县委妇女部长邓青云（即邓戈明）为主任，会员以妇女中的知识分子、中小学校的女学生和女教师、农村妇女、侨眷为主，共有一百多人，是妇女的抗日群众团体。“妇抗”对内开展时事学习、办识字班、夜校，用姐妹会等形式团结广大妇女；对外积极投入募捐慰劳抗日部队、宣传抗日救亡、参加救治伤兵服务等工作。与此同时，“妇抗”还团结教育广大妇女与封建势力、旧的传统观念作斗争，争取妇女的彻底解放。君堂的女党员郑如秀被家庭包办婚姻，县委支持她和封建家庭作斗争，她在成亲前一天逃到开平，取得反迫婚的胜利。

恩平县小学教师抗敌同志会（简称“教抗”），于 1938 年冬成立。“教抗”是以小学校长、教师为主体的教育界抗日群众团体。该会旨在提高教师爱国热情和切磋教学方法，交流教学经验，从而对所在学校的学生加强爱国主义教育，使学生从小养成良好的爱国思想品德。该会会员还向学生和学校附近的群众宣传抗日救亡工作。恩平县各界民众抗敌御侮后援会工作队（简称“后援会工作队”），是抗日战争初期中共恩平县委直接组织和领导的一支相当活跃的抗日救亡队伍。1939 年春，县工委为了加强和后援会的合作，通过后援会的名义而组织了这个工作队。“后援会工作队”以郑路为队长兼党支部书记，队员由我党领导下举办的“抗日救亡青年骨干训练班”的部分成员和原“西江回国工作团”部分团员组成，共有 10 多人。他们遵照县委向西部山区发展，为开展抗日游击战争开辟根据地的“西进”计划的指示，深入到大田、朗底、良西等区、乡、村。他们所到之处，与群众打成一片，用歌咏、演戏和办夜校等形式向群众宣传抗日救亡工作。他们在做好宣传工作的同时，还教育、培养吸收了一批党员，在农村建立了党的基层组织。“后援会工作队”还参加了募捐、慰劳前线抗日将士和伤兵临时医院的救护工作等，深得恩平各界群众的赞扬。

在恩平各界民众开展轰轰烈烈的抗日救亡运动的同时，恩平各地的少年儿童也不甘示弱，纷纷行动起来，投身到抗日救亡运动中去。他们虽然没有全县性的组织，但许多学校和村子都有抗日儿童团和抗日少年先锋队。他们在学校的“教抗”队员和其他群众团体的指导下，开展适应儿童特点的唱歌、游戏、联欢会等活动，在他们幼小的心灵里传播爱国主义思想。全县儿童团和少先队员有七八千人。

抗日战争是一场你死我活的极其残酷的民族自卫战争。1938 年 4 月，中共广东党组织扩大会议，要求各地党组织努力建立群众性抗日武装自卫团体，号召党员积极参加群众武装工作，要掌握独立、自主的武装。西南特委（后改中区特委）一成立就着重抓武装斗争。冯燊同志强调指出“县委要抓武装”，“把恩平建设成为特委的后方基地”。县工委一成立，便把抓独立自主的武装工作放在重要的位置上。

经过长期统战工作的准备，恩平县抗敌〔日〕政治大队，于1939年1月成立了，大队长由梁子衡担任，副大队长是县工委委员、统战部长吴超炯，参谋长是县工委副书记兼组织部长郑锦波。队委有中山大学学生吴炳南、留苏学生岑若冰。表面上看来，政治大队是一支由国民党政府领导的群众组织，但实际上是由中共恩平县工委掌握的半公开的武装组织。为了加强对政治大队的领导，我们派党员或党外的积及分子分别担任各区、乡中队、小队的队长，队员多数是我们的基本群众，有的还是党员或党员培养对象。政治大队队员分布于三、四区的天村、隔巷、牛皮塘、长安、歇马、大江、鹏岗、高园、东边朗、大坪、高椅山、君堂等乡。队员们平时是各乡村抗日卫国、保乡护村的力量，他们团结村里的青年看更护村，维护社会治安。有时集中训练，以野营的方式开展军事训练和政治教育。野营时是按照“团结、紧张、严肃、活泼”的要求进行的。其中有操练、讲课、唱歌等活动，我们曾按照训练抗日游击队的要求，把队伍带到歇马、江洲、君堂和鹏岗的象山寺、恩城的学宫等地训练。队员们带着刀枪参加野营，枪支多数是向侨眷和公尝借用的。野营时，队员各自带番薯、芋头、木薯等杂粮充饥，用稻草和葵棕编织物等作为卧具。通过训练，使队员体验战斗生活，学习军事知识，播下了武装斗争的火种，培养了军事骨干。各个区乡的分队、中队也经常开展这种活动，以提高队员的政治素质和军事素质，为恩平抗击日军、保卫家乡造就了一支强大的力量。

1939年春，祝秀侠任国民党恩平县县长，他对抗日持积极态度。我们就利用这个机会，安排一批党员，打进国民党的政权机关，利用职权，掌握抗日武装。1939 年夏，我们把共产党员陈华安排在四区任区长，把李进阶、陈椿昌安排到政治大队，后派陈椿昌到四区自卫队当指导员，直接掌握了这支队伍。同年夏秋间，县工委又派遣吴枫、郑楚秀两人分别打入岭南乡和君堂乡当乡长，直接控制了这两个乡的乡丁队。后又派郑超凡到君堂乡乡丁队工作。这些打入国民党区、乡政权的党员不但掌握了这些区、乡的抗日武装，还为我们提供国民党内部的情报、掩护县委机关开展活动。1938 年冬天和 1939 年夏天，我们还分别在江洲小学和恩城县立第一小学举办了以抗日游击战为主要内容的青年训练班，培养了大批的武装斗争骨干。

从 1939 年下半年起至 1940 年初，国民党反动派在全国掀起了反共浪潮。这次反共的浪潮波及恩平。1940 年初，国民党中央委员伍智梅窜到恩平，刮起一股阴风。从那时起，恩平的国民党反动派极力推行其主子制订的“限制异党活动办法”等一系列反动政策，对内实行法西斯专政，一方面实行反共、灭共、溶共，挑起内战，大打摩擦仗；一方面加紧压迫和剥削人民，搜刮民脂民膏。对外妥协投降，为其发动和扩大内战做各种准备。

伍智梅来到恩平后，与国民党恩平县党部书记长陈功勉互相勾结，狼狈为奸，大打出手，极尽其造谣诬蔑之能事，大肆攻击我党和我们党领导下的抗日群众组织。他们造谣说：冯美坤是“汉奸”，已在恩城被政府“逮捕枪毙”，他们还污蔑共产党是“奸党”，共产党领导的抗日群众组织是非法组织”，勒令“解散”我党领导的几个抗日群众组织，妄图剥夺恩平人民在抗日战争初期取得的一切民主权利。这还不算，陈功勉之流还把所谓“冯美坤当汉奸、被枪毙”的谣言写成新闻，发到海外的报纸去登载，捏造事实，诬陷服务团是“汉奸组织”，离间我党与人民群众及海外爱国同胞的关系，使服务团的活动经费来源断绝，以达到其破坏抗日的罪恶目的。

更加令人难以容忍的是，陈功勉等人阴谋秘密逮捕县委领导郑锦波、郑路和“抗先队”长郑文骥等人，以达到其破坏国共合作，破坏团结，破坏抗日救亡工作，全面推行其反共、反人民的反动政策的目的。

在滚滚而来的反共逆流面前，中共恩平县委坚决贯彻党中央“坚持抗战，反对投降；坚持团结，反对分裂；坚持进步，反对倒退”的方针；坚持党的“隐蔽精干，长期埋伏，积蓄力量，反对急性和暴露”的在国民党统治区的斗争原则，采取“政治上进攻，组织上退却”的斗争策略，率领全体党员和全县人民与反共逆流进行不屈不挠的斗争。

为了击退反共逆流，我们利用我党掌握的《侨讯》《大人山》《青年先锋》等刊物和各地区、各单位的墙报进行反击，制造舆论、揭露其投降、分裂、倒退的阴谋。我们还派出县委妇女部长邓青云等与伍智梅展开面对面的斗争，用摆事实、讲道理的方法，驳斥伍的反动谬论，使得伍智梅理屈词穷，哑口无言，狼狈不堪。同时我们还动员党领导的群众组织用发表宣言、告同胞书等形式进行反击，向群众作广泛宣传，使广大群众看清国民党反动派的丑恶嘴脸。由于国民党的破坏，旅港（恩平）回乡服务团等群众组织经费断绝，被迫停止了大张旗鼓的宣传活动。其他一些群众团体也相继被国民党政府强行解散了。我们党遵照上级关于“组织上退却”的指示，在抗日群众团体被迫解散后，总结了以往的斗争经验，采取了新的斗争策略。一方面将服务团等群众组织的党员和骨干分散到各地去，用办农场、读书会、更夫队、夜校等群众喜爱的形式开展活动。活动形式上的改变，使群众更进一步认清了国民党反动派的反动本性，认识到共产党才是为国为民谋利益的真正领导者。

为了击退反共逆流，于1940年7月7日，在恩城召开抗日战争三周年纪念会上，郑锦波以政治大队的名义揭露投降派反共分裂阴谋，宣传我党“坚持抗战，反对投降；坚持团结，反对分裂；坚持进步，反对倒退”的政策。同时，各抗日群众团体还发动了一次声势浩大的示威游行，连国民党联防大队等三个团队的官兵也纷纷加入这次示威的行列。当游行队伍经过国民党恩平县党部门前时，几个伤兵愤怒地拿着手榴弹要找陈功勉算账。

经过几番激烈的斗争，曾经不可一世地疯狂反共反人民的国民党恩平县党部书记长陈功勉被人民群众轰走了。全县人民群众进一步觉醒，提高了思想认识，更加自觉地团结在我们党的周围。

在击退反共逆流的过程中，我们执行党中央关于“应十分注意保护干部，凡有被国民党捕杀危险的干部公开或半公开的，应转移地区隐蔽起来”的指示，将郑锦波、郑路、郑文骥、陈椿昌等一批干部转移到安全的地区，避免了国民党反动派的捕杀，保存了革命力量。同时，重新调入和安插了一批干部，利用教书等合法地位（身份）作掩护，秘密地进行革命活动，领导恩平人民进行斗争。

就这样，恩平县委经过击退反共逆流的斗争，更加成熟，更加坚强，也更能领导恩平人民前进了。

第二节　红色诗词、歌曲、歌谣、文学作品简介

一、红色诗词

（一）吴有恒诗词①

1941 年，吴有恒在延安经常和古大存下棋、谈诗，并共读《离骚》《楚辞》。吴有恒感激古大存对他的关心和帮助，于是作《呈古大存》一诗，诗曰：

无限胸怀有欲诉，北风瑟瑟在枯枝。
十年征战怜君老，一代潮流恨我迟。
记往辛酸成片断，未来争斗更长期。
仰天长啸山村动，是甚心情不自知。

1947 年 7 月中旬，吴有恒率领部队挺进信宜边境山地的天堂嶂。是夜，吴有恒在营帐前，手执烟斗抽烟，望着雄伟的天堂嶂，想起白天与敌军鏖战，征衣尚湿，斗志不灭。他又能想到以后漫长的征程，感慨万千，不禁作《西江月》一首，以示战斗情怀。诗曰：

① 摘自贺朗：《吴有恒传》，花城出版社 1993 年版。

晓日将出未出，清峰欲语还停。
江山何处不多情？况在天堂嶂顶。
眼底纵横两粤，鞭头指挥千兵。
在天堂嶂宿营，把这山头占领。

1948 年 8 月间，在一次战斗中，广阳支队七团副教员郑达明不幸负伤，抢救无效，光荣牺牲。粤中纵队司令员吴有恒为寄托对郑达明的哀思，作诗曰：

救国救乡勇斗争，知书识礼讲文明。
宁馨儿是谁家子？身是华侨子弟兵。

1948 年 9 月 30 日，吴有恒指挥部队在新兴、高明两县边界的布辰岭，取得全歼国民党保安团一个连的重大胜利。吴有恒有感于此，吟诗一首，云：

山溪骤雨作秋声，残月破窗听蟋鸣。
岂有闲心爱夜静，敢以杀气学刀兵。
屠龙终见工农胜，此际谁能不动情？
我亦乘风旋地轴，欲跨天马逐流星。

1949 年 4 月 23 日，中国人民解放军占领南京，取得了解放的重大胜利，这个重大胜利鼓舞了全中国人民，也鼓舞了粤中纵队全体指战员。吴有恒心情激动，彻夜难眠，即夜赋诗一首，赠给在三罗的李光汉先生和四支队司令员李镇靖。诗云：

昨夜春雷作巨声，雄狮百万克南京。

玉楼金殿归民主，碧水玄湖满热情。
群丑仓皇辞鬼庙，英雄奉命又南征。
缚龙余亦持长挺，敢向军前共请缨。

（二）郑玛诗词①

入党

失学彷徨不胜悲，红星照我展双眉。
利国得民终身愿，披荆斩棘志不移。

霜天晓角

望风飘雪，黑夜寒煲骨。
大地虎狼狂号，人将酒鲜，
红梅性皓洁，严冬香更烈，
恶浪滔无时节，惊涛里识豪杰。

珠江纵队进恩平

暴雨袭恩平，横眉对逆流。
人民多智慧，破浪有新猷。

---

① 摘自《郑锦波诗文集》。

二、红色歌曲

独一团团歌

黄东明　词
胡均　郭杰　曲

C=1　2/4

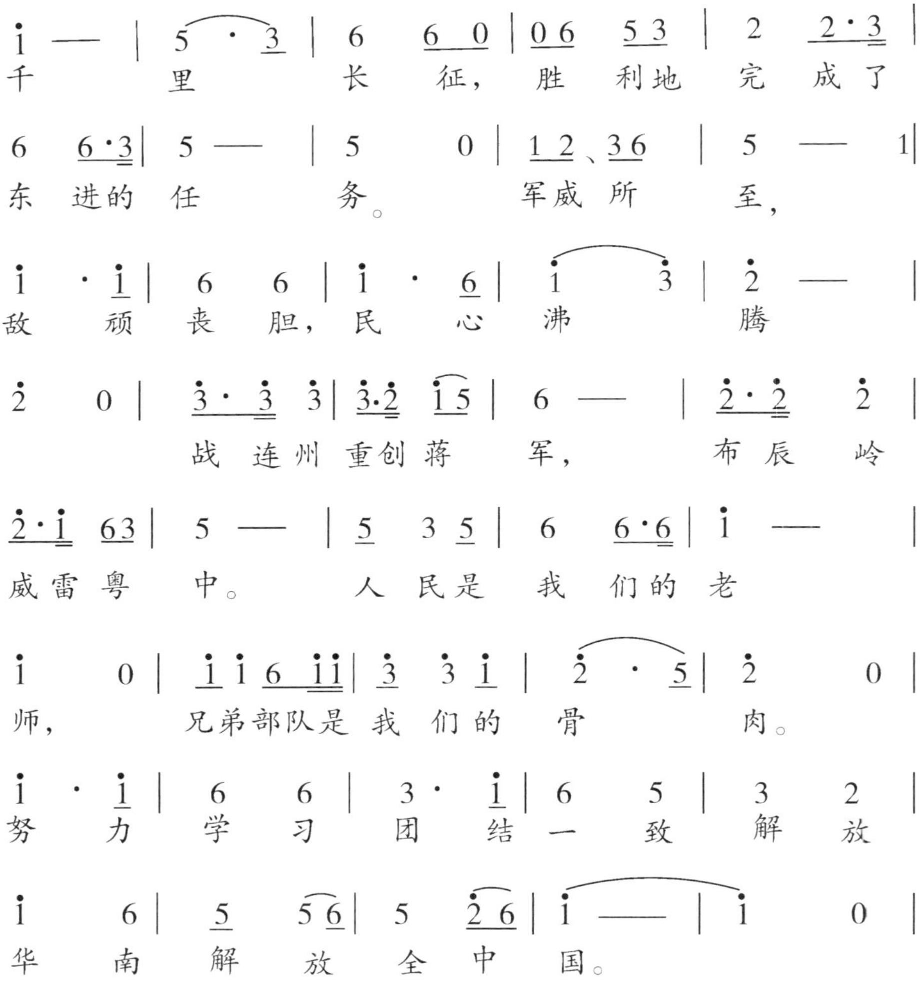

我地嘅队伍好似一条龙

（中国人民解放军粤中纵队队歌）

符公望　词

郭　杰　曲

1=G 2/4

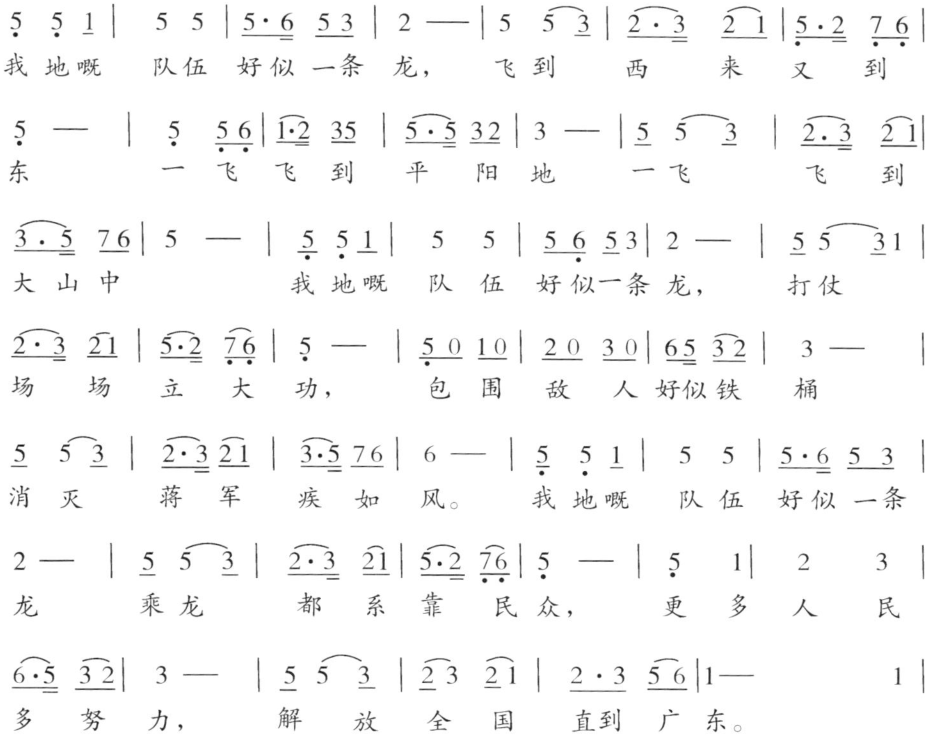

三、红色歌谣

抗战时期，恩平党组织开展抗日救亡运动，组织广大民众唱《抗日义勇军进行曲》《在太行山上》等抗日歌曲，演讲抗日英雄事迹，张贴抗日宣传画，乡民抗日情绪十分高涨。

当时，乡民广为传唱两首歌谣：

一首是吴枫撰写的，歌词是：打倒日本仔，穿新衫，着新鞋；吃平米，烧干柴。打工仔，有钱使；耕田佬，有谷又有米；生意仔，好买卖，大家好世界。如果唔打倒日本仔，亡国真难抵，唔信睇下台湾共高丽；五家人同一把刀使，四五元钱买斗米，夜晚睡觉任人睇，门唔闩，任“制”，总之到那时，真系没眼睇。大家想过好世界，一定打倒日本仔，打倒日本仔。

另一首作者佚名，歌词是：叮叮当，叮叮当。一打铁，二打钢，三打禾镰，四打枪。打好禾镰去割禾，打好刀枪打东洋。

四、红色文学作品简介

吴有恒曾任中国人民解放军粤中纵队司令员，中华人民共和国成立后，他在工作之余，以当年以及地下工作和游击斗争的经历为写作素材，先后写作了《山乡风云录》《北山记》和《滨海传》等小说。其中，《山乡风云录》被改编为粤剧《山乡风云》，由广东粤剧团在广州、上海、北京等地上演，后又被拍成电影，在全国各地上演，轰动全国。

《山乡风云录》描写了粤中山区一支游击队成长和发展的故事，描绘山区人民在党的领导下卷起革命风云的壮丽图画。故事发生在1946年初夏，国民党反动派发动新的全国性内战的前夕，他们以数10倍的兵力，妄图消灭活动在广东的抗日游击队。作品以这支小游击队身处困境为开篇。这支游击队当时只剩下12人，根据上级指示转移到那横山区，和那里的人民群众一起同反动派进行坚决的斗争。通过描写在这样一个特定环境的曲折斗争，《山乡风云录》深刻地反映了人民解放战争第一阶段的一般规律，同时反映了游击队主力北撤后粤中地区敌强我弱的形势，并描绘了这一特定的山区的社会面貌。作品热情地歌颂了那卷起山乡革命风云的英雄人物，刻画了他们的经历和成长历程，尖锐地抨击了妄图阻挡历史车轮前进的反动派，揭露他们的残暴和腐朽。

《北山记》记述解放战争初期，共产党派出仰山、黄薇等同志深入粤中那横山一带，发动群众，组织人民武装，开辟新区工作。他们坚定地贯彻执行毛主席、党中央的指示，在复杂而艰苦的环境中，依靠广大贫苦农民，同国民党反动派进行坚决的斗争，取得了光辉的胜利。

该作品矛盾冲突尖锐，人物栩栩如生，情节引人入胜，语言通俗流畅，具有浓郁的民族风格和鲜明的南方粤中地区色彩。

《**滨海传**》描述 1946 年夏天，解放战争初期，国民党反动派发动全面内战，企图一举消灭共产党和人民武装力量。在此危急时刻，共产党派梁中、马宏等同志到华南粤中滨海地区担任滨海特委的领导工作。他们遵照党中央的指示，深入农村、城市基层，宣传群众，组织群众，争取一切可能争取的社会力量，与敌人进行了公开的武装斗争和隐蔽合法的斗争，取得了一个又一个胜利，开创了农村包围城市，最后夺取了城市的有利局面。

该作品有声有色地描绘了解放军袭击飞机场、巧攻龙母岛、夺军舰、截轮船、活捉小霸王包占元，以及海防警备司令兼警察局局长包得硅被炸丧命、日本特务倪非凡中计就擒等一系列惊心动魄、扣人心弦的情节。《滨海传》文笔传神畅达，情节生动曲折，人物性格鲜明，富有浓郁的南方生活色彩。

第三节 红色故事

一、抗战时期君堂妇女党支部的故事①

1938 年 10 月，上级党组织委派邓青云到恩平担任县工委妇女部部长。当时邓青云在恩平的公开身份是江洲小学教师（教学工作有一半由另一位党员黄月华担任）。在教师身份掩护下，她从事革命活动，领导恩平的妇女工作。

邓青云发动广大妇女参加抗日救亡运动，并从中物色培养建党对象，发展党的组织，建立妇女党支部。1939 年 6 月，从广州返回恩平参加抗日救亡运动的郑仪、黄月华、郑礼平等三位进步女青年，经邓青云介绍，光荣地加入了中国共产党，君堂村妇女党支部同时宣布成立，由邓青云直接领导。党支部成立后，深入农村，在农民妇女中培养发展党员。1940 年先后吸收了郑永平、郑瑞意、郑如秀、郑雪嫦等人入党。还有外县调来独醒小学教书的党员何玲和在旅港恩平回乡服务团二团入党的岑玉芳、郑雪平等人的组织关系也转来这个支部，积极参加抗日救亡运动。1939 年夏，恩平县成立了妇女抗敌同志会，这是一个全县性的抗日救亡团体，主要任务是宣传抗日，动员妇女参加抗日救亡运动。君

---

① 摘自恩平党史办编：《恩州烽火》第 2 期（中共恩平党史资料丛书），1986 年 5 月。

堂妇女支部的党员，积极参加“妇抗”的筹备工作，一些女党员还被培养成为抗日救亡运动骨干。

“妇抗”积极配合青年抗敌先锋队、政治大队等抗日救亡团体，以野营、演街头剧、唱革命歌曲及演说等形式开展抗日宣传活动。“妇抗”还出版刊物，号召妇女冲破封建束缚和各种阻力，投身抗日救亡运动。同时，还发动募捐，到前线去慰问抗日战士，到恩城慰问从前线归来的伤兵，妇女党支部还派出郑礼平、莫改好两位党员去为伤兵服务。

君党妇女党支部一些党员的家庭，有不少是地下党组织长期活动的据点，为革命作出不少贡献。其中莫改好、陈如月两位党员住在一个小村，这村只有她们两户人家，村的四面有一片竹林，有比较好的掩蔽作用。县党组织曾在陈如月的小炮楼里办过几期党员学习班，还为部队掩藏枪支弹药。有两位女党员经常为党送情报、通讯联络及运送物资，不怕牺牲，不分昼夜地忘我工作。党员郑琛秀的家是党的交通联络站，接待和掩护过不少同志，为革命事业作出了贡献。

二、“巾帼夫人村”的故事①

马龙塘村是中国航空之父故里牛江镇的一个革命老区村。

抗日战争和解放战争时期，吴有恒、郑锦波、吴枫、徐云等粤中纵队、广阳支队等部队领导在恩平进行革命活动期间，得到了马龙塘村群众的大力支持和帮助，与村民建立军民鱼水情关系。这4位革命前辈分别与该村女青年冯明仲、冯焕球、冯莲花和冯坤相识、相知并结婚，成为革命伴侣，为革命事业作出了贡献。粤中纵队司令员吴有恒的夫人冯明仲、粤中纵队广阳支队司令员

① 据“广东自然村落历史人文普查”资料整理。

郑锦波的夫人冯焕球、粤中纵队广阳支队团长吴枫的夫人冯莲花和珠江纵队教导员徐云的夫人冯坤成为战争年代的“巾帼夫人”。一条自然村出了“四位巾帼夫人”，一时传为佳话。受革命前辈的影响，解放战争时期，该村冯华善、冯池旺、冯如欢3位青年先后参加游击队（其中冯华善从香港回乡投奔中共武工队），为中国人民的解放事业献出宝贵的生命。中华人民共和国成立后他们被政府授予革命烈士称号。

马龙塘建于清乾隆元年（1736年），至今已有280多年历史。现该村总面积1.6万平方米，人口570人。早在100多年前就有村民漂洋过海谋生，至今有海外侨胞300多人。村中大部分村民每户都有亲人在海外谋生，是恩平的著名侨乡村之一。近几年来，马龙塘村在海内外乡亲的大力支持下，投入100多万元，大搞文明村建设，塘坦、村中巷道等公共场所实现水泥硬底化，总面积4 000多平方米。村中巷道安装巷灯、池塘安装了护栏；兴建了休闲公园和广场，并配有体育健身设施。村后栽种了七亩樟树经济林，是村集体的一项绿色经济项目。在恩平市老促会等相关部门的帮助下，该村的祠堂得以修缮一新，成为村民文化活动的场所。在澳门红十字会支持帮助下，马龙塘村建了一间标准化乡村卫生站和一座无害化厕所，村容村貌焕然一新。2016年以来，马龙塘村先后被评为恩平市十大美丽乡村、广东省卫生村、恩平市文明村和广东省侨界文明社区示范点。

三、武工队艰苦奋斗的故事

1946年5月，粤中游击队的领导随东江纵队北撤山东，冯超和陈全等粤中纵队领导带领一支武工队留在恩平继续坚持斗争。大部队北撤，蒋介石撕毁《停战协定》后，恩平陷入一片白色恐怖之中。当时的县长郑泽光积极迎合蒋介石的“反共”政策，在恩平境内到处张贴“告示”，出“花红”，大发虎威，恐吓群众；到处立关设卡，四出搜查，捕捉“赤色分子”，稍有可疑，就不问青红皂白，将群众拘捕入狱。尤其是革命根据地，更是受到疯狂“扫荡”，其间，有的革命者和革命群众被国民党当局杀害了。

与此同时，国民党反动派加紧对人民压迫和剥削，实行残酷的“三征”（征兵、征粮、征税）政策；农村的反动势力也日益猖狂起来，采取放高利贷、“放青苗”“押金”“吊耕”“交上期”等方式剥削搜刮贫苦农民。

当时整个恩平一片黑暗，广大人民群众挨饥受冻，处于水深火热之中。武工队的处境也相当艰难，不但要对付凶恶的敌人，还要经受生活上的折磨。但是，武工队战士牢记上级关于“求得生存，保持骨干，积蓄力量，等待时机”的指示，没有在艰苦、险恶的环境中屈服，为了更好地隐蔽，武工队常常活动在深山林海之中，露宿在岩洞山头。有时，找不到粮食，武工队战士就吃野果、野菜，吃“黄狗头”（一种野生植物）等充饥。后来，又分散活动，有的去和别人合股开米铺，有的卖粥，有的去给别人打工，有的挑盐担做脚夫。当时工种好的就有两餐饱，工种不好，吃饭也成了问题。经常一天只吃一顿饭，大多战士饿得面黄肌瘦，衣衫褴褛。生活如此艰苦，还经常受到国民党反动派的不时搜捕和“扫荡”。尽管如此，武工队战士没有一个人动摇。武工队几个挑盐担的士兵，总是有笑有说，互相鼓舞斗志，到了人烟稀少的山间小路上，还唱起山歌来呢！大家坚信，困难是暂时的，黑暗总会过去的，光明就在前头。

在艰苦的岁月里，武工队得到地方党组织和群众的关心和支持，他们千方百计派人给武工队送吃的、穿的。武工队回到根据地，支持革命的群众，把武工队战士当作自己亲人一样热情接待。

有一天深夜，冯超和郑祯、吴添、梁辉等6人去圣堂活动，秘密回到朗底清油村时，已经一天没有吃东西了，饿得发慌。武工队战士们就到一家农民家里去借米，这家农民的米缸只有6升米（约3斤），全给了武工队。由于敌人常来这里搜索、扫荡，武工队怕连累群众，带上米就出村，到离村不远的沙连岗（土名），才乐呵呵地动手烧火做饭。

在地方党组织和群众的支持下，解放战争时期的武工队始终保持旺盛的战斗意志。

四、一副对联的故事[①]

“清山永在留青史，湾水长流泽后人”，是刻在清湾革命老区纪念碑园门口的一副对联。这一对联用“清、湾”两个字开头的鹤顶格对联，揭示了当年革命老区军民艰苦卓绝的斗争历史，以及中华人民共和国成立后革命老区人民与社会主义建设事业作出的贡献。原来，清湾原是恩平县一个乡，辖清湾、沙岗、岑洞、黄角四处垌门，面积为272平方公里，占恩平全市面积的六分之一，人口达1万人。

清湾地处边远山区，与阳江、阳春两市交界，距恩城40多千米。清湾有悠久的革命历史，早在1927年的大革命时期，共产党人就在清湾的沙岗、岑洞一带，发动群众建立农会；抗日战争时期，广东人民抗日解放军在这里进行了抗日游击战争。抗日部队从清湾开赴广湛公路大槐顶伏击日军，取得歼敌30余人的重大胜利。解放战争时期，中国人民解放军粤中纵队与清湾人民建立了鱼水关系，以清湾为根据地，狠狠地打击国民党

① 原载恩平市老区建设促进会《简报》。

军队，并配合南下解放大军追歼国民党向南逃的残军，为解放粤中、南路地区作出了积极贡献。清湾人民在战争年代，面对日本侵略者和国民党的“围剿”和迫害，宁死不屈，为了保护游击队，舍生忘死。他们为革命胜利，为中华人民共和国的建立作出了卓越的贡献。

20世纪70年代初，佛山专署和恩平县人民政府决定在清湾兴河排（现称锦江）建立水库和发电站，解决锦江下游的农田灌溉、发电和防洪等问题。清湾老区人民服从国家建设大局，离开家园，移居别地，重建家园。水库和电站建成后成为调节改善锦江水质的综合性枢纽工程，控制锦江河中上游50%的集雨面积；确保下游两岸80万亩（约53 333公顷）农田的灌溉用水；解决20多万群众的饮用水，以及200多条（个）村庄、城镇及工商企业，以及325国道、桥梁、交通公路的洪水为患问题。清湾老区人民为社会主义建设事业作出了无私的奉献。为了铭记清湾老区人民的光荣历史，彰显老区人民功绩，恩平市人民政府于2010年在七星坑自然保护区锦江水库湖畔建立了清湾革命老区纪念碑园，园内立有市政府的碑志，碑园门口上书一副“清山永在留青史，湾水长流泽后人”对联，为当年在这里打游击的老战士和恩平市老促会同志所作。

碑园于2010年落成，当年在清湾根据地打游击的粤中纵队五团团长马平先生应邀参加揭幕仪式。他无限感慨，赋诗一首：

清湾基地势豪雄，抗日军民立大功。
蒋逆操戈烽火盛，群黎义愤战旗红。
田园庐墓宁舍弃，水电资源可富农。
万顷林园添壮丽，恩州青史换新容。

五、革命老战士关心老区建设的故事[①]

恩平市圣堂镇三联行政村尚和塘村是抗日战争时期的游击根据地，全村200多户，人口1 000多人。不久前，这个村庄兴建一条水泥大道和一座新文化楼，这是老区建设的一项民心工程。尚和塘村在水泥大道和文化大楼的建设过程中，发生了一个感人的故事。

1947年6月24日，恩新人民保乡自卫大队一个小分队10多位战士在指导员陈全的带领下，在歇马村进行抗日宣传，于傍晚进入尚和塘村宿营。游击队入睡后，被国民党“六邑剿匪指挥所”司徒尧部和县警大队共300余人包围。拂晓时分，该村一位妇女出村挑水，她发现敌情后即向警卫战士报信。一位战士即巡查，发觉分队确被敌人包围。游击队决定利用黑夜坚决突围。10多位战士选择从村西北闸口冲出，冲在前面的战士梁柏贤被敌人射来一发子弹打中倒下了，其余战士越过公路安全回抵良西。游击队有两位女战士来不及突围，被群众掩护转移到一座草屋里，避过了敌人的搜索。这次突围战，由于游击队战士的英勇奋战和村民群众的得力帮助，突破了几十倍兵力的敌军包围圈，取得了胜利。

敌军未取得预期目标，便对尚和塘村进行残酷的劫掠，给尚和塘村群众带来了重大灾难，有不少家庭被敌人抢劫一空，有几名群众被扣捕、勒索。尚和塘村群众舍己保护游击队的事迹一直为人们所传颂。

时间一晃过了60多年，尚和塘村在党和政府的关怀下，村容村貌发生了很大的变化。为了创建文明村，该村规划兴建一条水

---

① 根据恩平市老促会《简报》整理。

泥大道和一座新的文化楼。这两项工程需要资金38万元，乡亲们积极筹款，恩平市老促会也给予积极支持，但尚有较大缺口。恩平市老促会并向上级反映情况。当年在尚和塘村进行革命活动，并得到群众保护、冲破敌人包围的游击队领导陈全同志得知这一情况后，不顾年事已高，来到该村调研，访问群众，听取意见。返回到广州后，陈全即找有关部门沟通，下拨资金8万元，部分解决了尚和塘村文明村建设资金的缺口。

尚和塘村文明村建设两项工程落成了，陈全同志应邀回村参加落成仪式。村里群众格外高兴，像迎亲人般，热情欢迎这位老战士。他们叙旧情、谈家常，老战士再一次感谢老区人民的支持，老区群众也感谢党和政府的关心和支持，表示继续发扬革命老区的光荣传统，为国家建设事业多作贡献。

六、革命前辈后裔参访恩平老区的故事[①]

2017年清明节，“中国人民解放军粤中纵队领导后裔革命老区参访团”一行30多人抵达恩平，沿着先辈当年足迹，重踏革命之路，追思先辈的革命事迹，缅怀先辈的丰功伟绩。

参访团首先来到位于沙湖镇上凯岗村，参观瞻仰吴有恒故居（恩平县人民政府旧址），吴有恒女儿吴树坚（曾任广州市人大常委会副主任、广州市中级人民法院院长）、孙子吴兴国说：“恩平将革命先烈故居打造成红色教育基地，做得很好，比我们几年前回来看有很大的改进。这次回来故居参访感触很大。感谢前辈以热血和生命，为我们打下江山，创造美好生活，很怀念、很感恩他们。”

抗日战争、解放战争时期曾在恩平进行革命活动的粤中纵队

① 作者岑力行，见广州地区老游击战士联谊会编：《老战士》，2016年第7期。

四位纵队领导人有3位已先后辞世，尚健在的粤中纵队副司令员欧初同志也97岁高龄（编按：欧初于2017年去世）。他惦记老区，鼓励后代们到恩平老区参访，传承粤中纵队精神。欧初的儿子欧伟明义不容辞担当参访团记者，不时与父亲“现场直播”、汇报老区所闻所见。欧伟明在吴有恒故居看到父亲与战友的合照后十分感触地说：“今后全国人民能够发扬革命精神，沿着革命前辈开拓的道路走下去，国家一定会发展得越来越好，人民生活一定也会越来越好。”

随后，参访团到牛江镇参观瞻仰郑锦波故居和游击队居住、活动的碉楼，到圣堂镇参观冯燊故居及恩平第一个基层党组织——天村党支部旧址。大家看到展出的珍贵的历史图片、文物，回顾了先辈为中国人民的解放事业的艰苦奋斗历程和不朽业绩，为先辈的革命斗争精神所感动。

在革命老区大田镇，参访团在当地党政领导的陪同下，冒着大雨前往镬盖山六壮士牺牲地拜祭，向英烈们敬献花篮，寄托对先烈的无限哀思。粤中纵队独立团团长黄东明的女儿黄晓云说：“站在父亲曾经战斗过的地方，心情特别激动。父亲及战士们在这块土地上献出了他们的青春和热血，镬盖山六壮士就是他们中的杰出代表。我们作为后代一定要继承革命的遗志，为实现民族复兴的中国梦作出贡献。”

参访团一位团友即席赋诗一首——《粤中纵队后代恩平行》：“又是清明雨纷纷，再念前人思纭纭。驱车百里老足迹，移步老区寻精神。怀抱信仰能浴血，先辈追求主义真。坚持理想勇开拓，粤纵后人学前人。”表达了粤中纵队后代对先烈的思念之情。傍晚，霏霏细雨不停，参访团来到广东人民抗日解放军司令部旧址（励英学校）参观。旧址内部正在装修。大田镇镇长张玉婷拿出设计图纸向参访团征询意见，恩平市委常委、宣传部部长吴永芳也表示，请参访团为建好革命教育纪念馆建言献策。大家认为，重新装修革命纪念馆，要充实内容，表示回去后会收集、整理红色文物送来革命纪念馆展览。

翌日早晨，参访团来到鳌峰山畔的冯燊、吴有恒、禤全光“三老”纪念亭，瞻仰缅怀老前辈的光辉事迹。吴有恒女儿吴树坚表示：“我们要牢记父辈的丰功伟绩，传承红色基因，弘扬革命精神。”

清湾革命老区碑园是参访团参观瞻仰的最后一站。大家浏览了碑园，纷纷在先辈们挥毫的石碑前留影。

参访恩平革命老区，瞻仰革命遗址后，这些革命先辈的后代们异口同声地说：恩平是我们的第二故乡，今后要多回家看看，每年都要拜祭、瞻仰镬盖山六壮士牺牲地革命遗址。

七、冯燊在粤中坚持武装斗争的故事

1938 年，中共广东省委任命冯燊为西南特委书记，随后，冯燊担任粤中特委副书记兼恩平县委书记，他决心要把恩平建设成为特委的后方基地。当时正是国共合作抗战时期，他根据当时的实际情况，在恩平成立半公开的武装组织——恩平县抗日政治大队，为共产党领导的武装队伍，开展抗日武装斗争。

1940 年冯燊调到西江特委任书记，领导西江地区抗日游击战争。1944 年 9 月，郁南民众武装指挥部（简称“南武”）在县城成立，下属 5 个中队和 1 个警卫队伍。冯燊安排有军事才能的党员干部李镇靖任南武参谋长，使这支拥有 700 人的队伍掌握在共产党手中，成为当时西江南部的一支实力较强的抗日武装力量。后来，南武粉碎了敌伪到桂圩“扫荡”的计划，并在沿江山地控制多个据点，对敌伪船只进行拦阻射击，将日军困在郁城镇，使日军不敢随意出动。此时，李济深为发动西南独立运动，来到罗定，他听了南武参谋长李镇靖的介绍后，非常高兴，大加赞许。

1948 年春，中共中央香港分局决定大搞武装斗争，冯燊被任命为粤桂边区委副书记兼广南分委书记。广南分委常委会由冯燊、吴有恒、谢创、欧初组成，负责领导粤中全区开展武装斗争。当时，冯燊、吴有恒等人亲自策划“四一八”郁南武装起义和组织东征部队挺进粤中，两阳、恩新边区建立以天露山区为中心的广南游击根据地，开展艰苦卓绝的武装斗争。

东征部队挺进粤中和策划“四一八”郁南武装起义，令国民党当局惶惶不安。当时宋子文派出重兵，对两阳、恩新边区和三罗地区进行两次“清剿”。广南分委在冯燊的领导下，发动群众，调动一切武装力量，打退了敌人的进攻，粉碎敌人的“围剿”。冯燊和广南分委领导研究，决定抓紧时机，在台（山）开（平）赤（坎）地区和新（兴）高（阳）鹤（山）地区，全面开展游击战争。在游击战争中，因为冯燊具有打伏击战和歼灭战经验，取得一个又一个胜利。

1949 年 7 月 8 日，中央正式批准成立粤中临时区党委和粤中纵队，任命冯燊、谢创、吴有恒、欧初、郑锦波、唐章、谢永宽、周天行 8 位同志为粤中临时区党委委员。冯燊、吴有恒、谢创、欧初为常委。冯燊任粤中纵队政治委员、吴有恒为司令员、欧初为副司令员，谢创为副政委兼政治部主任。粤中纵队从 1946 年的 140 多人，发展到 1949 年 9 月的 16 000 多人；部队对敌作战共 360 多次，毙伤敌近 3 000 人，争取敌军起义 20 多起，1 000 余人，迫逼敌军投降 3 000 余人，缴获轻重机枪、炮、炮弹、长短枪等一大批。粤中纵队在配合南下大军解放粤中地区和支持解放海南方面作出了重大贡献。

冯燊在粤中坚持武装斗争 10 多年，战绩显著，他不愧为一位优秀的军事指战员。

八、唐明照一门外交“三杰”的故事

1971 年，中华人民共和国恢复在联合国的合法席位。时任中共中央联络部副秘书长的唐明照受命，同乔冠华、黄华等人一起，出席第二十六届联合国大会，受到各国代表的欢迎。唐明照这位资深的外交家，以精通西方，特别是精通美国事务而著称于外交界，为周恩来总理所看重。他于 1972 年，经周总理提名，出任中华人民共和国第一任联合国副秘书长，分管政治事务，以及非殖民化、托管地工作。他在联合国任职 7 年，以自己的聪明才智和对国际事务的了解，大显身手，帮助一批受殖民统治的国家取得独立，使这些国家相继加入联合国，履行全球维护和平与安全的责任，为维护和平、解决国际冲突作出了积极的贡献。其出色的工作赢得各国的赞赏。

唐明照的两位女儿也是出色的外交家。长女唐闻生，出生于美国，在美国度过童年。8 岁随父母回国，读完小学和初中后进入北京外语学院学习，她的英语潜力得到超常发挥，只用 3 年时间就读完 5 年的课程。20 世纪 60 年代初，这位北外高才生被外交部看中，被调入外交部工作，出任周恩来、毛泽东的英语翻译员。1971 年美国国务卿基辛格秘密北京之行以及翌年早春举世瞩目的尼克松总统访华，唐闻生担任周恩来、毛泽东与基辛格、尼克松等领导人的全部会谈的中方主要英语译员，成为中美建立外交关系的历史见证人之一。1976 年，尼克松总统第二次访华，翻译者亦是唐闻生。唐闻生高超的翻译水平，获中外人士好评。不久，她出任外交部美大司司长，当选中央委员，成为当时中国外交界唯一的一位女性中央委员。此后，她先后担任《中国日报》副总编辑、原铁道部外事局局长、中华全国归国华侨联合会副主席等职，为我国的外交事业和华侨工作作出积极的贡献。

次女唐建生，1950 年出生。唐建生是一位精通外语的优秀人才，被国家派往联合国工作。她在联合国工作数年，出色的工作表现，博得外交界的赞誉。

九、吴有恒参加土改的故事

1950 年 10 月，中共粤中地委根据《广东省土地改革实施办法》决定以鹤山县为地区的土改试点县，以恩平的两凯、鹏沙乡以及高明的一区、开平的水井乡为土改试点区（乡）。时任粤中地委书记的吴有恒亲自主持鹤山土改试点工作，他认真执行中共华南分局书记叶剑英同志的指示，贯彻中央土改法，照顾华侨的利益。他指出，华侨在家乡农村的土地和房屋，大多数是本人用辛勤劳动挣得的血汗钱汇回家乡购置的，与一般封建地主剥削阶级有所区别，对此要采取慎重对待的方针。吴有恒还强调，要依法土改，按照刘少奇关于土改问题报告，有领导、有计划、有秩序地进行，严禁乱捕、乱打、乱杀及各种肉刑和变相肉刑。由于实事求是地贯彻政策，鹤山县的土改试点工作进展顺利，农民和侨属对此很满意。

1951 年春，吴有恒又回恩平参加两凯和鹏沙两个乡的土改试点工作。他亲自主持土改工作队员和农民协会干部训练班，宣讲中央土改法。他说："土改法明确规定，没收地主的土地、耕畜、农具、多余的粮食及农村的多余房屋。但地主的其他财产（指其浮财、底财）不予没收。"吴有恒还认真执行叶剑英主持起草的《华侨土地处理办法》。他指出，广大华侨绝大多数是劳动人民，他们在国外辛苦工作积蓄下来的血汗钱，多用于在家乡购置土地，以此作为家庭生活的保障。他们的少量土地，除用作家属耕种外，往往由于劳力缺乏，而租给其他农民耕种。因此，绝大多数华侨是团结对象。他特别强调，严格区别出国前就是地主和出国后其家庭上升为地主的两种情况，保护侨汇、华侨地主的房屋、家具、耕畜、农具和粮食等。对侨汇、华侨实行不追浮财，不挖底财，不到海外追余粮的措施。

鹤山和恩平的土改试点工作，由于吴有恒坚决执行中央土改法和叶剑英关于土改中保护华侨利益的指示，两地的试点开展很顺利，华侨利益得到保护，分到土地和果实的农民也感到满意。

第四节 革命遗址、纪念设施

一、长安农会旧址

长安农会旧址位于圣堂镇长安村的“灯寮”。1926年6月，在梁振山、禤全光、梁栋荣等人的组织领导下，在此成立恩平第一个农会——长安农会，梁栋荣任会长。长安农会有7名委员，有农会印章、旗帜和牌子等，会员有120多人，约占全村成年人的70%。

长安农会旧址

1964年7月，恩平县人民政府将长安农会旧址定为县级文物保护单位。

牛皮塘农会旧址

二、牛皮塘农会旧址

牛皮塘农会旧址位于恩平市东成镇牛皮塘村委会回龙里村头。1926年7月，牛皮塘农会在此成立，是第一次国内革命战争时期恩平县最早建立的农会之一。农会负责人是郑贵彩、郑超凡、郑文雪、郑茂蔼。

该旧址始建于1917年，青砖灰沙、杉木结构；20世纪80年代重建，1983年被恩平县人民政府定为县级文物保护单位。2008年，牛皮塘农会成员郑贵贤的儿子郑梓方捐资，在原址旁建立了新的牛皮塘农会纪念楼。

纪念楼为二层钢筋水泥结构楼房，占地约200平方米，正门上方雕刻有“牛皮塘农会纪念楼”八个隶书体红色大字，庄严醒目。室内陈列着牛皮塘农会史料的图文资料。

三、郑锦波故居（中共恩平县委旧址）

郑锦波故居（中共恩平县委旧址）

郑锦波故居位于恩平市牛江镇东边朗村，始建于民国初年，为二进深布局，前为水泥、青砖、钢筋结构的二层楼房，后为砖瓦平房，建筑面积100.26平方米。郑锦波故居于1982年进行过维修；1984年被恩平县人民政府公布为县级文物保护单位，并被列为恩平市爱国主义教育基地。

四、镬盖山六壮士战斗遗址

镬盖山六壮士战斗遗址

镬盖山六壮士战斗遗址位于恩平市大田镇朗底圩西南侧的镬盖山。镬盖山海拔240米，山顶平坦，形如镬盖，因而得名；其山势险峻，一夫当关，万夫莫开，是历史上兵家必争之地。

1949 年 7 月 18 日，粤中纵队独一团和五团在朗底墟休整。此时，中共恩平县委在朗底墟召开会议，讨论征粮和减租减息等事项。在开会期间，国民党保安司令李江等部 600 余人，向朗底进犯。粤中纵队副司令员欧初等领导人，即令红星连主力一排据守镬盖山，居高临下，进行阻击，前后击退了敌人数次进攻，使敌人无法前进。当一排阻击任务完成，部分战士已撤退时，另一股敌人从另两侧迂回包抄。仍在坚守阵地的吴宽、关华、苏宙、谭植、关森、吴浓等 6 人枪弹已尽，在撤退无路的情况下，他们砸烂机关枪和步枪，围在一起，高呼“中国共产党万岁”。一排排长吴宽拉响最后一颗手榴弹，5 人壮烈牺牲。当晚身受重伤的一排战士关华苏醒后，发现其他 5 位战友已经牺牲，于是向镬盖山西北方向爬行寻找部队，在教子山村被五团哨兵发现，后经抢救终于生还。这就是有名的镬盖山六壮士。他们的英勇事迹为恩平县人民解放斗争史写下了光辉的一页。

五、大槐顶伏击战遗址

大槐顶伏击战遗址

大槐顶伏击战遗址位于恩平市大槐镇大槐顶北部。大槐顶伏击战是恩平抗日战争的一场胜利战役。1945 年 7 月中旬，从雷州半岛撤往广州集结的日军约 3 000 余人，正沿广湛公路，经南路向中区方向开进。广东人民抗日解放军司令部立即命令在恩阳地区活动的各团，迅速挺出山区，开赴广湛公路沿线，截击过境日军。

7 月 14 日，广东人民抗日解放军司令部率一团和六团的部队，星夜兼程，从恩阳边区开赴广湛公路恩平路段那吉一带；经侦察地形，于16日在大槐顶展开伏击日军准备。部队主力部署在公路一侧的山地上，控制制高点；另由一团派一个主力连埋伏在距公路仅几十米的小丛林里，对敌实施近距离攻击；采取切敌尾巴，打其殿后部队的战术，以保证伏击战的胜利。17日中午至黄昏，敌殿后部队进入伏击圈时，遭到伏击部队的猛烈攻击，伏击部队毙敌30多人，伤敌一批。大槐顶伏击战是广东人民抗日解放军成立以来，对日作战规模最大、并取得重大胜利的一次战斗。

六、小洛战斗遗址

小洛战斗遗址位于横陂镇大亨行政村小洛圩牌坊后面的山坡上。

小洛战斗遗址

小洛圩位于大亨乡公所南面的海边，离大亨有1.5千米之遥，是国民党恩台边八乡（大亨、湾雷、那扶、联和、小江、深井、北陡、寨门）联防自卫大队长、少校吴任平的老巢。1948年，吴任平在国民党反动派的支持下，组织一支30多人的反动武装，分别驻扎小洛圩和大亨乡公所，成为中共部队在恩阳台边区活动的极大障碍。1949年6月21日，为拔除这一据点，粤中纵队副司令员欧初率领独立一团、广阳支队钢铁营到达滨海地区，在恩阳台独立大队和恩南武工组的配合下，包围了盘踞在小洛和大亨的吴任平反动武装。22日，欧初率部一举拔掉大亨、小洛“钉子”据点，俘敌50多人，缴获机枪5挺、长短枪50多支，铲除了连接滨海与广阳两地游击区的一大障碍。

七、吴有恒故居（恩平县人民政府旧址）

吴有恒故居（恩平县人民政府旧址）

吴有恒故居位于沙湖镇上凯岗村，原名“因树书屋”，为中国人民解放军粤中纵队司令员吴有恒的故居；始建于1905年，东西厢房有楼阁式建筑，楼西是花果园，楼东为厨房，屋前有坪地和池塘，四周建有石围墙。

1949年4月25日，中共粤中临时区委批准成立恩平县人民政府，原粤中纵队广阳支队五团政委郑鼎诺兼任县长，县政府机关设在此地。解放战争时期，国民党反动派扫荡上凯岗村10余次，旧址遭敌人放火焚烧。1958年，后楼被拆掉。1987年，恩平县人民政府拨款将建筑按原样改建为水泥框架结构，屋内的字画及中厅的陈设均按原貌摆设。1983年，恩平县人民政府将旧址定为县级文物保护单位，并展出粤中纵队历史及吴有恒革命斗争事迹。2013年，恩平市委、市政府又拨款进行修缮，增加了文物及图片等内容。

八、冯燊故居

重修后的冯燊故居

冯燊故居位于恩平圣堂镇天村东边，始建于清末，原为灰沙砌筑、砖木结构，建筑面积103平方米。1983年6月，恩平县人民政府将冯燊故居定为县级重点文物保护单位。1984年县民政局拨款将其进行维修，原为灰沙砌筑、砖木结构的冯燊故居被改建为混合结构的二层楼房，使冯燊故居保存基本完好。2013 年，恩平市人民政府又拨款进行重修，并展出冯燊革命斗争事迹。

冯燊故居也是恩平建党初期的恩平县委旧址。

九、禤全光故居

位于圣堂镇区村村委会下隔巷村。

禤全光故居

该故居始建于民国初年，原为青砖墙体，瓦顶结构，后因顶部破旧，遂在原有基础上加盖一层钢筋水泥结构建筑，占地面积约 115 平方米。

禤全光（1893—1986 年），恩平圣堂镇区村隔巷村人，恩平农运领袖。1922 年 1 月参加香港海员大罢工，1925 年 6 月从香港到广州，参加省港大罢工。9 月受广东省农民协会和省罢工委员会委派，回恩平开展农民运动。1926 年 6 月，他参与组织建立了恩平最早的农民协会——长安村农民协会（即“长安农会”）。

1927 年，禤全光在澳门参加中国共产党。8 月，他奉命返回恩平，组织农民革命军，进行革命武装暴动。12 月，他参加了广州起义。广州起义失败后，他往返于沪港两地继续开展工人运动，发动海员工会会员开展革命斗争，参加“反帝大同盟”。1938 年，他接待安置来华支援中国人民抗日的加拿大著名医生白求恩大夫。又率领旅港恩平回乡服务团回恩平并任团长，开展抗日救亡的革命宣传活动。1940 年，他接受党组织的派遣到上海开了一间食品店，从事党的交通联络工作。1948 年6 月30 日，被国民党逮捕关押，他坚贞不屈，6 个月后被释放，1949 年他调往位于北京的海员总工会工作。中华人民共和国成立后曾任华南区海员工会副主席、珠江和广东省航运局工会主席、广州市海员工会主席等职。

十、唐明照故居

唐明照故居

唐明照故居位于圣堂镇塘龙村委会安西村，1918 年由当年在美国谋生的唐明照父亲唐亦朴出资兴建。唐明照故居坐西北向东南，砖木结构，中西合璧、碉楼式建筑风格，总长 9. 91 米，总宽 13. 24 米，占地总面积 131. 21 平方米，楼高 15 米，共 5 层，第 5 层四角各有燕子窝，设有枪眼。室内首层有木楼梯，第 2 层以上有木楼面、楼梯。主楼后面有附楼、作厨房杂物房之用，对研究当年建筑艺术和华侨史有较重要参考价值。2007 年 1 月，恩平市人民政府将唐明照故居定为县级文物保护单位。

十一、“三老”纪念亭

“三老”纪念亭

“三老”纪念亭位于恩城街道鳌峰山东麓，是为纪念冯燊、禤全光、吴有恒这三位为中国革命和社会建设作出卓越贡献的革命前辈而建造的。在恩平市委、市政府的倡导和支持下，海内外爱国爱乡人士和一批老战友及部门单位、个人踊跃捐款，建造了“三老”纪念亭。

该纪念亭由主亭和游廊两大部分组成，占地面积 3 700 平方米，第一期工程耗资 110 万元，于 1997 年 9 月 30 日落成。亭内陈列有三位革命前辈的事迹简介，供游人参观学习。

1999 年，“三老”纪念亭被恩平市人民政府定为市级爱国主义教育基地。2006 年 7 月，“三老”纪念亭被中共江门市委定为江门市中共党史教育基地。

十二、清湾革命老区纪念碑园

清湾革命老区纪念碑园位于恩平七星坑省级自然保护区管理处附近、恩城鳌峰山公园内，是恩平市人民政府为使后人铭记清湾革命历史而建造的纪念园地。园地占地面积 1 000 多平方米，建有清湾老区纪念亭、清湾革命老区纪念长廊和清湾革命老区纪念碑，刻有清湾老区碑记，亭内陈列有在清湾进行革命活动的部分军、师、团（县）级领导人事迹简介，清湾境内三大省级生态旅游区简介。

清湾革命老区纪念碑园

十三、恩平革命烈士纪念碑

恩平革命烈士纪念碑

恩平革命烈士纪念碑于1957年建于恩城中山公园内。园内有时任广东省副省长古大存题书的“恩平一九二七年农民起义、土地革命、抗日战争、解放战争烈士纪念碑”，内葬部分烈士遗骨。1980年恩平革命烈士纪念碑迁至县体育场南侧，1984年于鳌峰山东麓重建。纪念碑坐西向东，占地面积1 200平方米，由碑坛、碑座、碑身三部分组成。碑坛宽13.4米，长14米，正侧面有碑阶，各为8级，四周有栏杆；碑座高8米，分两层；碑碣呈梯形，高16米，碑名由时任广东省省长刘田夫题写“恩平革命烈士纪念碑”9个隶书大字，碑前有碑阶275级通往下山公路。整座建筑由花岗岩石块砌成，庄严肃穆，周围松柏常青。

1984年，恩平县人民政府将纪念碑定为县级文物保护单位。

十四、广东人民抗日解放军司令部朗底纪念馆

广东人民抗日解放军司令部朗底纪念馆

广东人民抗日解放军司令部朗底纪念馆位于恩平市朗底圩南边，原为“励英学校”，1929年由梁宏宽、梁殿森、吴沃南等社会知名人士牵头兴建。该纪念馆坐西向东，靠近

朗底河边，为砖瓦结构；建筑面积约384平方米，前后座均为二层楼房，高5.4米，左右一层为课室。

抗日战争胜利后，国共两党签署了《双十协定》，广东人民抗日解放军根据《双十协定》精神，于1945年在朗底圩驻扎整训，将司令部设在励英学校。

1984年7月，该纪念馆被恩平县人民政府定为县级重点文物保护单位；1995年被定为江门市爱国主义教育基地；2009年，恩平市老促会拨款修缮；2016年，政府拨款修缮，并整理展出一批历史图片和实物，使其成为一座革命纪念馆。

十五、朗底革命烈士纪念碑

朗底革命烈士纪念碑

朗底革命烈士纪念碑位于恩平市朗底镇夹水朗。从抗日战争开始，朗底一直是革命武装部队活动和战斗的地方，广东人民抗日解放军、中国人民解放军粤中纵队、粤中纵队广阳支队等都曾在此活动。朗底发生过通天垅、观音尖、镬盖山等大小战斗10余次，有近百名英雄儿女先后在此为国捐躯，其中有朗底籍英烈20余名。1959年2月，朗底人民公社党委会为纪念在朗底牺牲的革命英烈，建造此纪念碑，立碑于朗底圩侧。1977年朗底革命烈士纪念碑迁于朗底大脊朗边；1987年再迁至夹水朗。

该址为墓碑合一体，葬有20名烈士的骸骨；由碑坛、碑座、碑身3部分组成，碑坛占地面积270平方米，四周有栏墙，碑座高3.5米，分2层，碑身高7米，略呈梯形，有“革命烈士纪念碑”7

个隶书大字，碑前有碑阶7级，整座建筑物由红砖砌成，水泥石米墙面；1983年被恩平县人民政府公布为县级文物保护单位。

十六、广东人民抗日解放军司令部岑洞纪念馆

广东人民抗日解放军司令部岑洞纪念馆位于恩平市大田镇岑洞村。该村有悠久的革命历史，是抗日战争、解放战争时期广东人民抗日解放军活动地之一。

广东人民抗日解放军司令部岑洞纪念馆

1945年春，广东人民抗日解放军挺进新（兴）恩（平）阳（江）地区，在恩平清湾（今恩平锦江水库）岑洞建立抗日游击根据地。解放战争时期，粤中地区党组织和革命武装也经常在这里开展活动。

岑洞村的居民大部分已外迁，只有零星的几户人家。如今，该村新建成了环山公路直通岑洞，并且岑洞峡谷漂流旅游区已建成；另新建一座广东人民抗日解放军旧址纪念馆。

十七、黄飞烈士纪念亭

黄飞烈士纪念亭

黄飞烈士纪念亭位于恩城镇鳌峰山东麓，恩平革命烈士纪念碑东北侧。为纪念1948年12月在恩平鹏岗战斗中牺牲的中共新（兴）恩（平）开（平）中心县委委员、新恩开总队总队长黄飞

而建造。

黄飞烈士纪念亭占地面积约300平方米，主体建筑由引道、纪念亭和纪念碑组成。该亭为六角琉璃亭子，圆柱钢筋混凝土水磨石构筑。纪念碑在亭的后方，碑上刻有中共恩平县委与恩平县人民政府撰写的碑文。

十八、冯燊革命业绩展览馆

冯燊革命业绩展览馆位于恩城解放路，占地面积约180平方米。

冯燊革命业绩展览馆

恩平市总工会、恩平市博物馆、恩平市冯如文化研究会都曾在此举办冯燊革命业绩展览。

馆内展出冯燊生平大事记及相关图片，展览资料图文并茂，内容丰富。

该馆成为恩平市职工革命传统教育基地，恩平市青少年红色教育基地，恩平市巾帼红色家园教育基地。

附　录

附录一 大事记

1925 年

9 月 13 日　恩平籍海员工人梁廉、梁振三、禤全光等受广东省农民协会和广东省港罢工委员会的派遣，在广州农民运动讲习所罢工工人补习班学习两周后回恩平，在圣堂长安、塘皋、下天村组织农民运动。

1926 年

2 月　恩平县各阶层群众代表会议在圣堂圩广万祥商店召开，与会人员有工人、农民、华侨、船民、商人代表等共 60 多人。会上，禤全光传达广东省农民协会执委扩大会议精神，并提出打倒军阀等一系列主张。

6 月　长安农民协会在长安村东边草坪召开成立大会。这是恩平县第一个农民协会。

7 月　天村、隔巷、塘皋、牛皮塘等 10 多个农会相继成立，并联合在圣堂圩召开庆祝大会。会后举行游行，影响甚大。

1927 年

2 月　禤全光主持召开恩平县农会骨干会议，研究组织力量，打击梁彦材的“清党”阴谋。

7 月　禤全光到澳门，向中共广东区委汇报工作，被指派重返恩平，组织农民暴动。

9 月 14 日　禤全光组织农民暴动，率农军 1000 多人攻打恩城，与守城敌军激战2个多小时，攻城不克。有8名自卫军战士牺牲，暴动失败。

9月底　组织农民暴动（攻打恩城）失败后，禤全光撤到澳门，并加入了中国共产党。

12月6日　中共广东省委决定成立中共恩平县委，冯燊任书记。

1928年

1月初　中共恩平县委改称中共恩平县工作委员会（简称“县工委”），办事机构设在冯燊家里。

5月　在冯燊的主持下，天村党支部成立，这是恩平第一个基层中共党支部。其间，冯燊在天村、隔巷、长安等村联络大革命时期的农会会员，以组织“睇牛会”“耕种会”“兄弟救济会”等形式把大革命时期的农会会员组织起来，秘密开展革命活动。

11月26日　中共广东省委决定恩平的党组织划归中共新会县委领导。县工委改称特支干事会。

1929年

4月25日　恩平特支干事会改称恩平特支委员会。冯燊任书记。

5月　中共广东省委将冯燊调离恩平。恩平县党组织暂停活动，国民革命运动转入低潮。

1932年

5月27日　国民党恩平县党部向全国发出快邮代电，反对国民政府与日本签订《淞沪停战协定》，指出这个协定“丧权辱国”。

6月　恩平发生几百年罕见的水灾，洪水浸至县政府门口，有些村庄被浸了4天。

1933 年

9 月18 日　县各界群众在恩城举行集会，纪念“九一八”国难两周年。会后游行，高呼“打倒日本帝国主义”“中华民族解放万岁”等口号。

是年　恩平恢复保甲户口制，以强化当局的统治。

1934 年

初春　恩平籍人士、中国左翼文化总同盟广州分盟成员郑挺秀，组织恩平在穗学生吴枫、郑樵秀（即郑铮）、郑平等人创办《新恩平》刊物，传播爱国主义、进步思想。

1 月29 日　郑挺秀在广州遭叛徒告密，被国民党反动派逮捕，同年8 月被杀害。

1937 年

9 月　恩平县各界抗敌御侮后援会成立，会址设在恩城公立图书馆。该会后改称“恩平县民众抗敌后援会”，圣堂、歇马等乡相继成立抗敌后援支会。

12 月24 日　恩平县联防委员会成立，县长李纪堂任主任委员。各乡成立联防分会。

1938 年

2 月19 日　广东民众抗日自卫团恩平县统率委员会成立，郑季敦任主任。

7 月　恩平县小学教师抗敌同志会成立，梁文颖（中共党员）任主席，首批会员80 多人。

11 月初　中共恩平县工作委员会重建。冯燊任县工委书记，郑锦波任副书记兼组织部部长，吴超炯任统战部部长，邓青云任妇女部部长。

1939 年

1 月　恩平县抗日政治大队成立，梁子衡（国民党党员、县参议员）任大队长，吴超炯（中共党员）任副大队长，成员400多人，是恩平国共合作半武装的群众性组织。

3月8日　恩平县妇女抗敌同志会成立，邓青云任主任，会员100多人。

10月中旬　中共四区工作委员会成立。

12月初　中共党员训练班在郁文学校举办，参加训练班学员20多人，主要学习党的建设、武装斗争和统一线等内容。郑锦波、吴超炯、郑路、郑樵秀等到班讲课。

1940年

年初　国民党中央委员伍智梅在恩平活动，授意国民党恩平县党部解散各抗日群众团体，妄图扼杀正在蓬勃发展的抗日救亡运动和进步力量。

上半年　日军飞机在恩平县境轰炸4次，投弹72枚，炸死41人，伤13人。

8月　国民党第一专员公署谋划逮捕中共恩平县委主要领导人郑锦波、郑路等。由于统战对象的及时通报，郑锦波等及时隐蔽，敌人阴谋破产。

1941年

3月中旬　日军先后4次出动飞机6架轰炸恩城，投弹11枚，炸死5人，伤10多人，炸塌商铺多间。

1942年

春　恩平粮价飞涨。3月24日至27日数天内，粮价每担（50千克）由100元涨至180元。至4月25日，每担涨至496元。

4月2日　国民党中央银行发行的“关金券”在恩平流通。

秋　中共恩平县委在恩城禾丰米店召开整风会议。

1943年

3月　中共恩平县委改为特派员制，司徒卓任特派员，李翔如任副特派员。特派员以南塘村卢勤家为联络点。

3 月　恩平县发生大饥荒，霍乱、痢疾流行，灾民达 20 万人。

10 月 15 日　国民党政府立法院秘书长吴尚鹰和侨务委员会委员马骧在恩平调查灾荒情况。恩平士绅 20 人联名向吴、马呈送《恩平荒灾暨请求设法救济》报告书，要求减轻恩平田赋，增拨民粮及救济款项等。

1944 年

4 月初　沙湖地区天花病流行，死亡数百人。

7 月 18 日　恩平县紧急动员委员成立，恩平县发动民众武力抗敌委员会同时撤销。

8 月 8 日　恩平县紧急动员会发布《为发动募捐劳军告民众书》，要求民众捐钱捐物慰劳金鸡、赤水等地的将士。

9 月 10 日　日军 5 000 多人在尖石过境，杀害当地群众 15 人，强奸妇女 10 人，拉夫 100 多人。

10 月　广阳守备区联防自卫第三大队第三中队成立。这是由中共党组织直接领导的“白皮红心”武装队伍。

1945 年

1 月底　恩平县民众抗日自卫游击中队在朗底成立，这是一支由中共恩平党组织公开领导的人民抗日自卫武装队伍，中共党员陈光远任中队长。

2 月下旬　广东人民抗日解放军代司令谢立全、政委罗范群、政治部主任刘田夫率主力部队挺进恩平，以朗底、岑洞为驻地。

4 月　粤中人民抗日解放军驻扎上凯岗，开展抗日游击活动。上凯岗村有 32 位青年参加抗日游击队。

4 月 25 日　五团与广东人民抗日解放军一、四、六团从岑洞、马狮田出发，奔袭国民党广东省政府设在阳春县的春湾银行，以大捷告终。

7 月中旬　日军从雷州出发，取道恩平，往广州方向撤退。

7 月17 日　广东人民抗日解放军在广湛公路恩平大槐顶路段伏击日军，毙伤敌30 多人。

8 月4 日　日军撤离恩平县境。

8 月15 日　日本宣布无条件投降。

9 月3 日　恩城各界在成德操场举行群众集会，庆祝抗日战争胜利。

10 月22 日　国民党部队六十四军一五六师及地方部队共3 000 多人，分6 路包围驻在朗底的中共粤中区部队。双方激战一天，中共粤中区部队成功突围。是役，中共粤中区部队毙伤敌军数10 人，牺牲37 人，失踪及被捕30 多人。

1946 年

1 月　中共党员干部学习班在独醒学校举办。学习内容是党的七大文件。

2 月初　中共恩平县委发布《告恩平同胞书》，揭露了国民党反动派破坏《双十协定》、挑起内战的罪行。

8 月　恩平县立初级农业职业学校和恩平简易师范学校创立，各招生两班，共180 人。

1947 年

6 月24 日　国民党“六邑剿匪指挥所”司徒尧率部会同恩平保警队共300 多人包围尚禾塘村。陈全率领的新恩人民保乡自卫大队10 多人被困，后突围成功。

8 月22 日　恩平总工会成立。

9 月22 日　新恩人民保乡自卫大队奔袭沙湖警察所，击伤所长郑子荣，俘敌30 多人，缴获枪械30 多支，自卫大队1 人受伤。

11 月2 日　冯超率武工队6 人潜入尖石地区大恶霸、国民党尖石巡官及六乡联防委员会主任熊华巢穴，当场将熊华击毙。

1948 年

4 月1 日　中共广南分委第一副主席吴有恒起草了减缴田租25%的条例（简称“二五减租”），该条例由广东人民解放军广阳支队五团公布施行。

5 月2 日　中共粤桂边地委委员兼部队主任欧初率南路人民武装抵达朗底，与中共粤中地委及武装部队会师。

5 月12 日　吴有恒率东进部队一部在七堡里驻防，遭周汉铃部队400 多人侵犯，双方激战一个多小时，东进部队主动向天露山、新兴方向撤退。

8 月15 日　吴有恒率广南军分委司令部及五团主力，在沙湖鸡啼营休整，遭国民党第一清剿区及恩平、开平地方武装1 000 多人的袭击。双方激战，中共部队毙伤敌10 多人，战士冯宋牺牲，副区队长肖轩身负重伤。

1949 年

4 月25 日　经粤中临时区党委批准，恩平县人民政府在上凯岗村宣布成立。

6 月21 日　粤中纵队包围盘踞在横陂大亨小洛的吴任平反动武装，俘敌50 多人，缴获枪械一批。

7 月8 日　中共粤中纵队主力和广阳支队五团在朗底镬盖山进行阻击战，击退国民党武装部队的进攻。战斗中中共部队安全撤退，坚守的6 位战士有5 人壮烈牺牲，1 人受重伤，后获救。

7 月19 日　中共恩平江南武工组组长黄志恒，被国民党逮捕后杀害，壮烈牺牲。

10 月22 日　恩平全境解放，粤中纵队五团政委郑鼎诺、团长马平率五团部队进城接管政权。

附录二 重大历史事件

一、抗日战争时期的大饥荒

1943 年，由于天灾（接连发生水、旱灾和疫病）、人祸（日军侵华、侨汇中断），广州、江门、新会、水口、三埠、赤坎、台城等沦陷区不少机关单位、学校、商贾、侨眷难民纷纷迁来非沦陷区恩平，恩平人口骤增，粮食供不应求，导致恩平发生历史上最严重的饥荒。从 1943 年 4 月起，恩平相继出现饿死人现象。全县总人口 26 万人，灾民占 20 万人。饥民普遍吃野菜、黄狗头（野生植物）、土茯苓、簕竹米、蕉果树头、木瓜树头等充饥。在恩城、沙湖、牛江、君堂等地甚至出现吃人肉的惨状。全县饥殍遍地，从蒲桥（恩平与开平交界地）至阳江那龙 50 千米公路旁，每天横尸一二十具，当年经县救荒委员会饬令救济院掩埋有数可稽者有 500 余具。全县因饥荒和疫病而死亡者共 16 168 人，重灾区沙湖死亡 3 489 人，君堂死亡 3 370 人。圣堂白兔村死亡 219 人，占村总人口的 52. 14%。牛江龙湾村 90 多户，全家死亡的有 22 户。这些村庄顿时不见炊烟，一片荒凉。

二、土改时期的“松仔岭事件”

1950 年 8 月 26 日晚，三区区村乡蟠龙村村民冯群忠被人杀害。案发后，经县公安局侦破，认定何兆廷等 8 名松仔岭村民为凶手。1951 年 4 月 22 日，恩平县人民法院判处何兆廷、何兆祯、何荣 3 人死刑，判处许仲、何悦富、何锦焕、许才、何泮等 5 人 8 至 15 年有期徒刑。恩平县人民法院按司法三级审判手续，上报粤中中级人民法院复核，批准执行（镇反期间，地区中院有批杀权），并报省法院、中南区法院备案。1951 年 4 月 27 日，何兆廷等 3 人被押回圣堂公审处决，松仔岭凶杀案遂告终结。1952 年 4 月下旬，粤中地委在江门召开土改干部扩大会议。在会议分组讨论时，恩平三区区长顾江交代自己的贪污问题后，谈及土改工作，说松仔岭村群众发动不起来，主要是与何兆廷等人的处理过重有关。他认为是阶级立场问题。顾江的发言，把已结案一年的松仔岭凶杀案旧事重提，引起当时参加会议的华南分局第四书记陶铸的高度重视。

4 月 29 日，陶铸在该次粤中地委土改干部扩大会议行将结束时发表长篇讲话（时称陶铸“4・29”讲话），指出，“在当前土改运动的阶级斗争中，必须放手发动农民深入对地主阶级和反革命分子展开斗争”“粤中各县，特别是恩平、阳江那样的县，长期存在组织不纯，包庇地主压制农民斗争，恩平甚至发生帮助地主阶级杀害农民的案件。在这样的地区，地主阶级的气焰是很嚣张的，农民则忍气吞声”。强调“必须自上而下的宣传动员与自下而上的群众检举揭发斗争相结合，首先给予严厉的镇压，以压下敌人气焰，鼓起农民斗志。如恩平还应当将那些杀害农民的罪犯，拿到群众中去斗争、处理，以此恢复群众的斗争情绪和挽回共产党和人民政府在群众中的威信，使全体农民坚信共产党与人民政府是坚决站在农民的一边，以此为活生生的事实更好教育农民”。陶铸在“4・29”讲话之后，首先对恩平县委第二书记兼县长、县法院院长郑鼎诺严惩不贷。郑鼎诺没有出席会议，县委安排他留在恩平主持工作，会议结束前一天才通知他到江门参加会议。翌日，会议宣布“恩平县委第二书记郑鼎诺严重丧失阶级立场，给予开除党籍的处分”，并不准郑鼎诺返回恩平，免致影响凶杀案的复查。

会议结束后，华南分局派出社会部副部长田星云到恩平调查松仔岭凶杀案情况。1952 年 5 月 17 日，田星云的《松仔岭事件的调查报告》出台，并被上报给华南分局并粤西区党委。该报告称“按照陶铸同志的指示，到恩平组织力量，深入区村，实地勘察，访问贫农，号召有关干部回忆，审讯有关案犯，经过 8 天的调查研究，问题的性质就更加明确了……”仅 8 天时间的调查，就将公安、法院一年时间的侦查审理结论推翻，认为“松仔岭事件”是不法地主恶霸施用借刀杀人的阴谋巨案，从这一案件中可以看出恩平县的领导权实际上是被地主、恶霸篡夺了，当时的恩平县政府、公安局和法院已不是人民民主专政的机关，而是变成了专农民之政的工具。“凶案的死者冯群忠是蟠龙村大恶霸冯瑞麟与死者之妻梁新女合谋杀害的，与何兆廷等人无关。”“是不法地主、恶霸串通打入机关的坏分子勾结干部，有计划杀害农民积极分子和干部，破坏清匪反霸运动，镇压农民翻身事件。”建议对“冯汉英、吴朗判处死刑，将郑鼎诺逮捕，判处徒刑”。经粤中人民法院审理，经粤西区党委和华南分局的批准，将负责此案侦查和审理的恩平县公安局局长冯汉英、县人民法院副院长吴朗判处死刑；将对此案负有“重大责任”的郑鼎诺判处有期徒刑 5 年（原判死刑，经吴有恒一再提出异议而改判）；同时逮捕 13 名办理此案的公安司法人员，将他们作不同程度的刑罚和处理；给何兆廷等 8 人平反，定何兆廷为烈士，立碑纪念。1952 年 7 月 21 日起，《南方日报》连续多天头版头条，刊登有关“松仔岭事件”

的《调查报告》，粤西区党委关于开除郑鼎诺、冯汉英、吴朗党籍的《决定》，广东省人民法院粤中分院关于判处冯汉英、吴朗死刑并立即执行的决定，以及判处郑鼎诺有期徒刑的《布告》，中国新民主主义青年团华南工作委员会关于追认何兆廷为模范团员的《决定》，《南方日报》还发表了特约通讯《吸取松仔岭事件的教训，坚决支持农民斗争》等系列材料和文章。《人民日报》《新华日报》转载了有关文章，华南人民出版社把报刊发表的文字资料编辑成《松仔岭事件》小册子，全国公开发行，使松仔岭文件轰动全省，远播全国。

1980年10月30日，中共广东省委批转省纪律检查委员会、省委政法委员会《关于对“松仔岭事件”的复议报告的审查意见》，称“松仔岭事件是建国以来我省影响较大的一宗案件。根据党的十一届三中全会关于实事求是处理好历史遗留问题的精神，对这宗案件给予平反纠正，佛山地委、恩平县委和省地、县有关部门做了大量工作。因这一错案受牵连的郑鼎诺、冯汉英、吴朗同志，已经佛山地区中级人民法院裁定，撤销原判，宣告无罪，并经省委批准，恢复冯汉英、吴朗同志共产党员、革命干部政治名誉；恢复郑鼎诺同志的党籍和原政治待遇，并定行政工资十四级待遇，安排适当工作。对其他有关人员，佛山地委和恩平县委按照有关政策规定，已分别作了处理，正在继续做好善后工作”。1998年9月，当年中央土改工作团中南第五分团成员黄苗子（著名画家）曾经历“松仔岭事件”处理过程，当在《南方周末》看到《土改中广东反地方主义的一份个人记录——郑鼎诺如今安在》文章中，获知郑鼎诺已获平反，十分感慨，挥毫作“行到水穷处，坐看云起时”条幅，托人送给郑鼎诺留念。

松仔岭事件本是一宗普通的社会刑事案件，当时已按三级制审核程序办结，结案一年后竟成一宗轰动全省、远播全国的“反革命”政治案件，教训十分深刻。中共广东省委在审议省纪委、省政法委的《复议报告》中，总结了三点经验教训。一是任何案件的结论，都必须以事实为依据，而不能偏听偏信，主观臆断来定案，或先定性质后凑材料；二是对人的处理要十分慎重，必须在查清事实的基础上，正确处理两类不同性质的矛盾；三是要认真走群众路线，坚持实事求是，有错必纠。

三、50年一遇特大洪灾

1996年6月21—26日，恩平市连续遭受特大暴雨袭击，全市6个雨量点测得累计降雨量平均达1 186.6毫米。其中良西镇降雨量1 744.2毫米，占年平均降雨量70%。良西水库累计降雨量达1 803.5毫米、锦江水库累计降雨量1 516.7毫米。全市江河水位暴涨，7座大中型水库全部超过防限水位而排洪。25日，西坑水库超过防限水位最高达4.86米，排洪流量600立方米/秒，良西水库超过防限水位最高达3.17米，排洪流量179立方米/秒；同日15时，锦江水库水位达到97.23米，超过防限水位3.23米，是该水库历史最高水位，排洪流量1 359立方米/秒。23时30分，锦江水库西坝头以上山坡出现大面积滑坡，从山坡滚下的巨石击穿电站厂房墙体并砸坏电器设备，导致停电，全站区漆黑一片，下游群众一度恐慌，自发疏散。

这次特大暴雨，使恩城、良西、牛江、沙湖、君堂、圣堂、东安、平石、江南、大田、朗底等镇顿成泽国，不少村庄被淹水深1—2米，恩城有的地区水深达3米，全城停水20个小时，停电10多小时；大田、朗底两镇三分之二地区受浸，大田圩淹没水深2.2米多。325国道及大部分镇级公路被洪水淹浸，交通中断

50多小时。20—25日，大田镇茶山坑水库累计降雨量达1 546.6毫米，水库内山坡出现大面积山体滑坡，库内水位急剧上涨，25日下午3时，水位涨至距副坝顶1.3米，26日6时15分，茶山坑水库副坝崩塌。

1998年6月的洪灾，为恩平市50年一遇的洪涝灾害。全市18个镇有15个镇共38万人口受灾，25万多人被洪水围困，紧急转移13万多人。全市因灾死亡65人，失踪30人；倒塌房屋3 178间、1 069户，面积7.19万平方米，损坏房屋364.5间、1 005户，面积8.08万平方米；受灾农作物1.36万公顷，其中水稻9 833.33公顷，经济作物3 773.33公顷，稻谷损失3.5万吨，泥沙覆盖耕地1 346.67公顷，其中水田1 006.67公顷、旱地340公顷；鱼塘漫顶3 000公顷，塘鱼损失4 331吨，死亡耕牛1 233头，生猪8 575头，“三鸟”16.76万只，山塘水库崩塌2座，冲毁堤围411处、13.2公里，水陂361座、水闸46座，主灌渠及排洪渠1 163处、66.63里，毁坏水电站18座，冲毁公路桥梁130座，水毁公路170多公里，毁坏通信、供电设施一批。洪灾造成全市直接经济损失7.9亿多元。6月25日，广东省、江门市成立恩平防洪指挥部，省市领导前来恩平指挥抗洪抢险。恩平市五套班子领导分头负责各灾区的抢险工作。省军区、省公安消防局、江门交委港监、台山上川驻军等单位出动干警5 800多人次，动用车辆320辆次，摩托艇360多艘参与抢险，解救被围困群众2.7万多人。6月26—27日，中共广东省委书记等领导到灾区视察，对救灾工作作出部署，鼓励灾区人民尽快恢复生产，重建家园。

后记

根据中国老区建设促进会和广东省老区建设促进关于编纂《革命老区县发展史》丛书的通知要求，《恩平市革命老区发展史》完成编纂出版，向中华人民共和国成立70周年和中国共产党成立100周年华诞献上一份厚礼，值得庆贺。《恩平市革命老区发展史》的编纂，以习近平新时代中国特色社会主义思想为指导，坚持辩证唯物主义和历史唯物主义的立场观点和方法，全面、系统、准确地记述恩平革命老区人民在土地革命时期、抗日战争时期、解放战争时期，在党的领导下，支持革命、浴血奋战的光辉史迹；记述中华人民共和国成立以来，特别是改革开放和党的十八大以来，老区人民砥砺奋进、壮丽发展的成就。在编纂过程中，编委会得到广东省和江门市老促会和编纂《革命老区发展史》指导小组的支持和指导；得到恩平市委、市政府的重视和支持，以及市相关部门大力配合、支持；得到一班老同志、党史、史志工作者的积极参与，特别是得到出版社和专家的指导和把关，使编纂工作顺利完成。在此，对支持、帮助本书编纂出版工作的单位和各界人士，致以衷心的感谢。

由于编者水平有限，加上一些历史资料缺失，书中的史料和文字难免错漏，恳请读者不吝指正。

恩平市革命老区发展史编委会

2019年12月

本书配有智能阅读助手，为您1V1定制

《恩平市革命老区发展史》阅读计划

帮助您实现“时间花得少，阅读体验好”的阅读目的

建 议 配 合 二 维 码 一 起 使 用 本 书

您可根据自己的学习需求，量身定制专属于您的阅读计划：

阅读服务方案	阅读时长指数	为您提供的资源类型	帮助您达到以下学习目的
1. 高效阅读	阅读频次 较低 每次时长 较短 总共耗费时长	总结类	快速学习和掌握红色精神。
2. 轻松阅读	阅读频次 较高 每次时长 适中 总共耗费时长	基础类	简单了解革命老区的历史。
3. 深度阅读	阅读频次 较高 每次时长 较长 总共耗费时长	拓展类	继承和发扬红色精神，推动老区发展。

针对您选择的阅读计划，您可以享受以下权益：

立刻获得的主要权益

- **专享本书社群服务：** 提供创造价值与私密的深度共读服务，群内分享阅读干货，发起话题探讨
- **1 套 阅 读 工 具：** 辅助您高效阅读本书，终身拥有

每周获得的主要权益

- **专 属 热 点 资 讯：** 16周社科文学类资讯推送，每周2次
- **精 选 好 书 推 荐：** 16周文学社科热门好书推荐，每周1次

长期获得的主要权益

线下读书活动推荐： 精选活动，扩充知识 开拓视野 不少于1次

抢兑礼品： 免费抽取实物大礼 不少于2次限时抽奖

微信扫码

添加智能阅读助手

只需三步，获取以上所有权益：

1. 微信扫描二维码；
2. 添加智能阅读助手；
3. 获取本书权益，提高读书效率。

鉴于版本更新，部分文字和界面可能会有细微调整，敬请包涵。